特定行政書士
横須賀輝尚
Yokosuka Teruhisa

プロが教える潰れる会社のシグナル

経営者・お金・組織の危険度チェック法

さくら舎

社長も社員も、みんな
「自分の会社だけは大丈夫」
って思ってるんですよね。

はじめに~あなたはいまの会社にしがみつくべきか、見限るべきか?~

倒産、不祥事、炎上。
いつも人は「他人事」のように感じています。自分には起こらない。自分にだけは縁がない。

でも、それって本当でしょうか。
もちろん、普段は倒産の予兆なんて感じません。

だって、倒産するのは「突然」だから。

いま、多くの識者が「日本の崩壊」を叫んでいます。少子高齢化、人口減少、物価高騰。暗いニュースが流れない日はありません。賃金も三〇年上がっていない。本当に明るいニュースが流れない。

でも、この国で生きていかなきゃならない。
生活していかなきゃならない。

「海外移住」なんて手段もありますが、それはやはり一部の人の手段。
いま日本に住んでいるほとんどの人が、この国で働いて収入を得ていかなければならないわけです。

収入を得る手段は、もちろん働くこと。

「起業」や「投資」なんかもひとつの手段ですが、これも海外移住よろしく誰でも簡単にできるわけではありません。

だから、あなたが会社員という立場なら、絶対に潰れない会社を選ぶ必要がある。

では、そんな会社をどのように選べばいいか。
そして、何よりいま勤めている会社は大丈夫なのか？

こうした会社選びの基準となるものがつくれないか。
潰れそうな会社が出す「シグナル」のようなものがまとめられないか。

そういった発想から本書は生まれました。

改めまして、本書の著者横須賀《よこすか》輝尚《てるひさ》と申します。私は士業専門の経営コンサルタントとして、税理士、行政書士、社会保険労務士、司法書士、弁護士などをクライアントとして経営コンサルティングを行っています。

色んな見方があると思いますが、ひとつの特長としてはおそらく「日本で一番『士業』と会っている」コンサルタントです。

これまでコンサルティングを行ったのは三〇〇〇名をはるかに超え、受けた相談数は数万件以上。自賛になっちゃいますが、これ以上の実績のある士業専門のコンサルタントはいないはずです。

そして、回答してきたのは士業からの経営相談だけではありません。私のクライアントである「士業」の「クライアント」からの経営相談も間接的に受けてきました。

いわば、「コンサルタントのコンサルタント」でもあります。その中で、数えきれないほどの企業の倒産事例も取り扱ってきました。士業のクライアントがのべ三〇〇〇名以上。その先の企業はそれ以上。

加えて、現在は弁護士法人菰田《こもだ》総合法律事務所と提携し、士業向けの弁護士顧問サービスを提供して早六年。会員数は全国のべ三〇〇事務所以上。

ここでは、クライアント士業からの法律実務相談を弁護士が受け、その中で企業の倒産案件なども取り扱っており、倒産案件に関する規模や種類は相当数なものだと考えています。私はこの提携サービスで、プロモーションと管理を担当しており、そこで事例研究をしている、というわけです。

本書の内容は、そんな私たちの経験をもとにした「潰れそうな会社が出すその予兆となるシグナル」を中心とした解説。前述のとおり、これらの内容は、私のコンサルティング経験と士業が持つ豊富なクライアント事例から集約したものです。

一般的な倒産にまつわる書籍は、大企業や上場企業などの有名企業の事例が多く見受けられますが、本書ではやや中小企業よりにできるだけリアルなシグナルにフォーカスしました。

倒産のシグナルだけではなく、倒産前後に会社には何が起きているのか？

会社を有利に辞める方法は？

逆に潰れない会社にはどんな法則があるのか？

言い換えれば本書は、潰れる会社と潰れない会社を見極めるための「ものさし」ともいえます。

果たして衰退していくこの国の中で、あなたは生き残っていけるのか。

もう、そんな段階に来ています。ぜひ、本書をお役立てください。

なお、本書は経営者にとっては「あるある」の話であり、酒の肴に笑い飛ばしながら楽しめる本でもあり、一方で心当たりのある経営者にとっては、とんでもなく背筋が凍る本でもあります。場合によっては閲覧注意です。

そういうわけで、「倒産シグナル」の開幕です。

目次◆プロが教える　潰れる会社のシグナル
——経営者・お金・組織の危険度チェック法

《危険度★★》

《危険度★★★》

第2章　潰れる会社のシグナル〈お金編〉

《危険度★》

第3章　潰れる会社のシグナル〈組織編〉

《危険度★★★》

第4章　倒産にはいくつかの種類がある

第7章　潰れない会社がやっている経営のルール

第8章 倒産は、本当に〝悪〟なのか？ ―正しい会社のたたみ方―

プロが教える 潰れる会社のシグナル

――経営者・お金・組織の危険度チェック法

第1章　潰れる会社のシグナル〈経営者編〉

潰れそうな会社のシグナルの分析と解説を始める前に、最初の前提です。

まず、当たり前のことですが、本書で紹介するシグナルをあなたの会社で発見しても、必ずその会社がヤバいというわけではないということ。

例えば、「経営者の占い依存」なんて典型的にヤバそうな感じがしますが、実際には占いに傾倒しながらも業績を伸ばしている会社もあるわけで、これらのシグナルに「絶対」はないということです。

そしてその逆もいえます。

これらのシグナルがなかったとしても、絶対に潰れないわけではありません。

あなたがそのシグナルに気付かなかっただけかもしれないし、本書でカバーしきれていないシグナルや倒産要因があるかもしれない。そういうことです。

会社が潰れる前の「シグナル」とは？

さて、あらためて本書の狙いは「潰れそうな危険のある会社が出すシグナル」をピックアップしてあなたに届けることにあります。

では、そのシグナルとは何か？

本書では、「経営者編」「お金編」「組織編」と三つのジャンルに分けました。

まず「経営者」。

会社の構成要素は様々です。経営とはこれまで「人」「物」「カネ」と言われ、これに

「情報」が加わり、いまは知的財産などの無形資産まで会社の構成要素といわれますが、なんといってもその要素を決め、そして動かすのは経営者です。

どんなに会社にお金があっても、優秀な社員が在籍していたとしても、経営者がポンコツなら終わりです。これまで絶大な信頼を置いていた経営者に変化が起こる。これらを倒産のシグナルとして分析していきます。

次が「お金」。

今度は逆に、経営者がどれだけ優秀であってもお金がなければ経営は成立しません。これは経営者に起こる変化とも密接に関わっているので、厳密に言えば経営者の変化であり、同時にお金や経理に起こるシグナルなのですが、よりお金に近いシグナルを分類しています。

最後が「組織」です。

会社が倒産するとき、全員がその事実を知って最後の日を迎えるということはなかなかあり得ません。

例えば、従業員数数百名を超える会社でも、会社がもうダメで民事再生するしかないとわかっているのは経営層と経理部だけ、ということもあります。このような場合、営業部やその他の部署には、なんと当日知らされるのです。

しかしながら、こういった箝口《かんこう》令のようなものが敷かれていたとしても、何かしらのかたちでシグナルは生まれます。三つ目のシグナルが、この「組織」に表れるシグナルです。

本書では、このようにシグナルを「経営者」「お金」「組織」に分けて、危険度を独断と偏見で三段階に分けました。と、いうわけでまずは経営者編のはじまりです。

《危険度★》

美術品や車は本当に会社の資産なのか？

のっけから怪しいのが来ましたね……。

経営者の中には、結構アートに凝る人や車や時計に凝る人も多く見受けられます。

もちろん、きちんと売上を伸ばし、適切な役員報酬の中から嗜好品としてこれらのものを購入するのは何ら問題ありません。あくまで自分の給料からの支出なわけで、そこでは好きにしてどうぞという感じです。

ポイントとしては、二つ。まずはそれらの嗜好品が、経営者の「本当に欲しかった」ものなのか、それともただの見栄なのか。どちらの動機によって購入されたのかが気になるポイントです。

本当に欲しかったものであれば、三〇〇万円を超えるロレックスでも、一〇〇〇万円を超えるポルシェでも、欲しかったものなら大切に使うでしょう。でも、これが見栄からくるものだとちょっとたちが悪いというか危険な香りがします。

最近はそうでもない経営者は増えましたが、かつて経営者は経営者同士、マウントを取り合うような傾向がありました。

「あいつが一〇〇万円の時計なら、おれは二〇〇万円」みたいな。

特にいわゆるキャバクラのようなお店では、当然そういう高級アイテムを所持していることは称賛の的ですし、女の子に褒められながらほかの経営者にマウントが取れる一石二鳥アイテムです。場合によっては、それだけでモテるでしょう。

見栄による購入、承認欲求を満たすための購入には、終わりがないのです。つまり、こういった高級アイテムを持つこと自体はそこまでNGではない。でも一方で、「買い続ける」ことに対してはその動機によっては危険な兆候であるといえます。

加えて、美術品などをその価値がわからないのに収集している場合。本当に好きならいいです。

でも、これも見栄から集めているとしたらちょっと危険。なんというか、経営者ってレベルが高くなればなるほど、美術品やアートに造詣が深いほうが優れている、という空気があるんですよね……なんででしょう。

もうひとつのポイントが、こうした美術品や嗜好品を「資産」と言い切っているかどうかです。

前述のとおり、役員報酬で買うのは結構。でも、このようなアイテムを会社のお金で買うとなるとまた話は変わってきます。建前としては、そもそも会社のお金ですから、本来個人的な用途に使うべきではありません。

しかし、実際会社というのは経営者と密接不可分で、公私混同なんて当たり前。だから、これらを止める術は社員にはないわけですが、「これは資産として売却することもできるから」っていう理由には、ちょっと注意が必要です。

なぜなら、美術品にせよ時計にせよ、市場価値があるかどうかなんて、売るときにしかわからないからです。

いまは三〇〇万円の価格がついている時計も、将来的には半分になるかもしれない。新品未使用ならともかく、見栄っ張りの経営者は必ず時計ならその時計を身に付けて使います。見せびらかしたいから。だから、価値が残るかどうかわからないわけです。

特に絵画などの美術品って、買うのは簡単なんですけど、売るのって難しいんです。贋作かどうかの鑑定もあるし、そもそも買い手が見つかるかどうかもわからない。

いざというときに、売れないものや価値のないものをいま「資産」と言って私的に購入する経営者……ちょっと怖いですよね。

公私混同している会社は、調子が良いときは良いけれど……

中小企業は経営者と密接不可分。だから、よく公私混同をしています。

例えば、本来なら認められない家族との食事代なども、経費に入れ込んじゃうことはよくあることです。

前述の美術品などもそう。特に高級車は完全に自家用だとしても、会社のお金で購入します。そういえば、『なぜ、社長のベンツは4ドアなのか？』（小堺桂悦郎・著　フォレスト出版）というベストセラーもありました。

この公私混同については、いろいろな側面があります。

まず、公私混同する経営者はダメだという意見。これはもっともな意見に聞こえますが、実際にはそんな清廉潔白な経営者は少数派です。

税理士と相談しながら、上手く公私混同しています。ですから、公私混同をもって潰れるシグナルとは断言できません。

中小企業の業績は、経営者の状態がすべてです。経営者のモチベーションが高ければ業績は良くなりますし、逆にモチベが低ければ業績はダダ下がる。中小企業ってそんなものです。

そういう意味では、「ちょうど良い塩梅」で公私混同しているくらいが好調だといえるのではないかと私は考えています。

ただ、これも度合いがあって、例えば愛人に生活費を渡したくて自分の会社で雇ったことにして、給与として毎月何十万円ものお金を支払っている、あるいは、会社名義でマンションを借りて社宅扱いにして愛人を住まわせているとか、度を越えていくと雲行きが怪しくなってきます。

こういうのは実態がなければ、税務調査で一発アウトです。また、社員にバレたら一気に会社や経営者への忠誠心が失われてしまう可能性もあります。

とはいえ、この愛人の存在によって経営者がやる気になっているのであれば、倫理面はさておき、会社としては好調な業績を維持できる可能性があります。

なので、シグナル的には星ひとつ、という感じです。

▼経営者の「不倫」の話

愛人の話が出たのでひとつだけ。世間的には不倫といえば、いまや徹底的に叩かれるものですが、現実世界ではどうかというと、経営者の不倫なんかいくらでもあります。むしろ多いくらいです。

結果として、家庭が崩壊し、経営も崩壊するというのは想像に容易《たやす》いと思いますが、案外不倫関係を維持しながら業績好調という経営者もいます。それは、家庭も維持しながら、それを踏まえた上で不倫関係も成立させているという強者。

不倫相手には、「自分は家庭がある。離婚もしない。それでもいいなら付き合う」ときちんとラインを引いています。こうやって、ものごとの善悪はともかく「安定させちゃう人」がいるのも事実です。まあ、人間なのでラインを引いても本気になっちゃうことはありますが……。

ちなみに、夫婦仲はいずれかが起業し、社長になるとほとんどの場合バランスが崩れます。それだけ、サラリーマンと社長が住んでいる世界が違うってことですが、いままでと同じようにはならなくなるんです。

社長になった方は、環境もあってどんどん成長していく。そして一方がそれについていけない。別世界の人に見えてしまう。だから、仮に起業した方が成功しても「昔のほうが良かった」と言ったり、足を引っ張ったりすることもあります。

成功に嫉妬するってことも。成功してお金が手に入って夢が叶うのに、家庭が崩壊するというのも皮肉な話ですね。


ちなみに、上場企業の場合は公私混同できません。財務諸表は公開しなければならないし、やってしまったらマスコミの格好の餌食です。

上場企業の経営者、あるいはマスコミに狙われやすい経営者個人の知名度が高い会社などは、こうした公私混同や不倫関係なんかは狙われやすいので、ちょっと危険なシグナルだといえます。

なお、家庭の話が出たので加えておくと、相続問題を抱えた社長も注意が必要。資産が増えるケースもあれば、家族との問題で疲弊してしまい、経営に悪影響が出るなんてこともあります。

税金を払いたくない社長がお金をなくす理由

これはひとつの典型例といえるでしょう。

例えば、小規模企業共済や倒産防止共済、企業型確定拠出年金などで適切に退職金を貯め、節税するというのは法律で認められている方法ですし、賢く堅実な方法です。

以前よりは難しくなりましたが、生命保険を活用した節税対策なども、ひとつの節税手法といえるでしょう。これらは戦略的に行うものですから、手堅い「お金を残す方法」だといえます。

こういう経営者は、必要な税金はきちんと収めますし、先々のことを考えているので、危険なシグナルとは逆に高評価ともいえます。

一方で、世の中にはとにかく「税金を支払うのが大嫌い」と言う経営者もいます。理屈ではないのです。とにかく払いたくない。嫌。まるで駄々っ子のように支払うのが大嫌い。

こういう経営者は、前述の赤字決算が大好きです。「黒字決算にするヤツは、頭が悪い。わざと赤字にしておけば、法人税はゼロになるのによ！」みたいなことを言います。

だから、会社の利益をゼロにするように経費を使いまくります。接待も大好き。社員に大盤振る舞いすることもあります。なんかすでに危険な匂いがしますね……。

適切な節税は堅実。でも、こうした「税金アレルギー」のような経営者にはちょっと注意が要ります。それは、法人税をゼロにしたいがゆえに、利益分の経費を使ってしまうから。

つまり、目的のないお金の使い方をしているわけです。これだと、まさに「宵越しの銭は持たない」よろしく、会社には現預金がいつも少ない状況になりがちです。そして、会

法人税額は所得金額に税率を掛けて税額控除額を差し引いて算出する

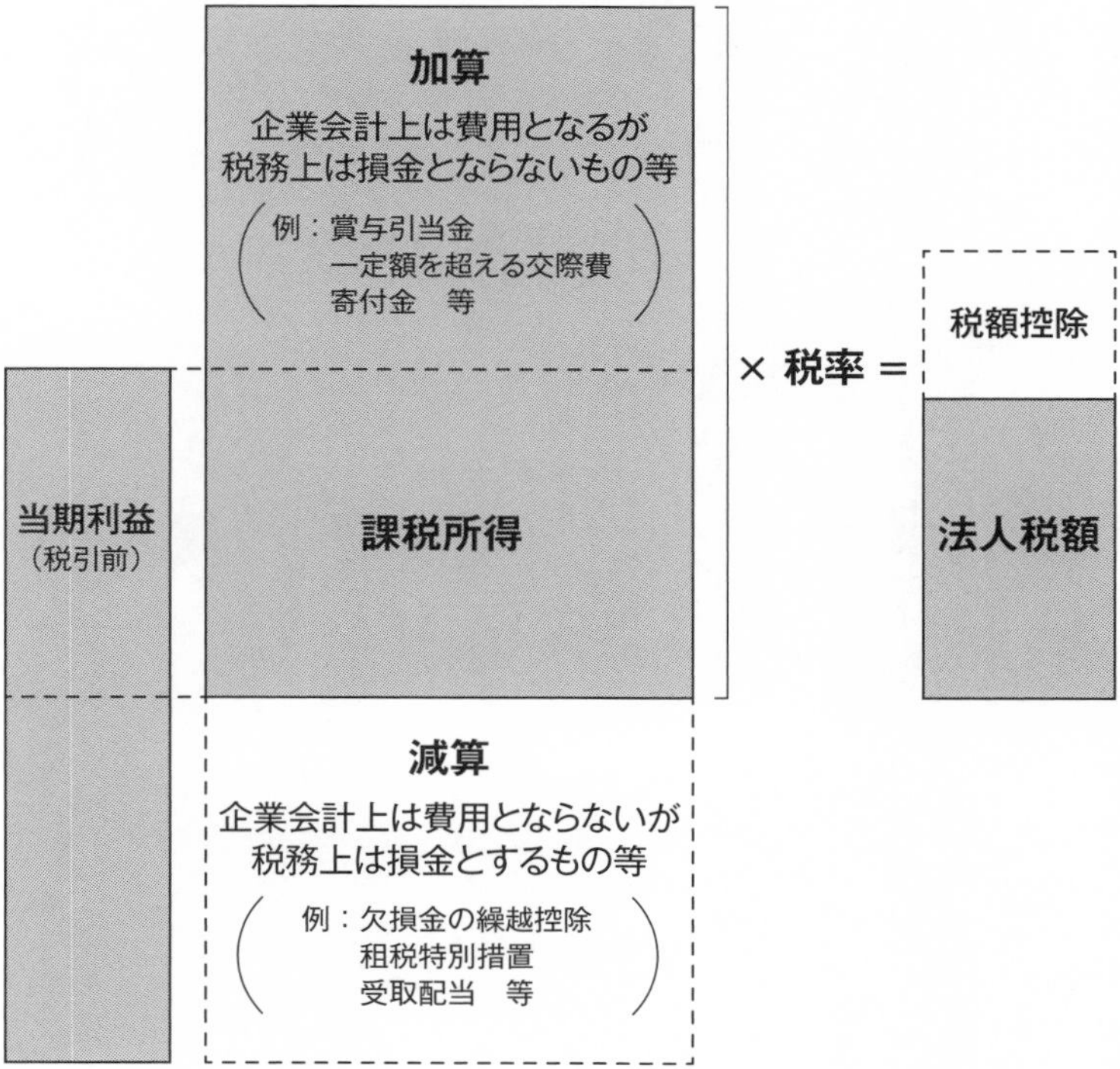

社に現金を残したければ、納税する必要があります。

ざっくり、五〇〇万円の利益が出たとします。この場合の中小企業の法人税率は一五％(ちなみに大企業は一律二三・二〇％)。七五万円が法人税となり、この金額を収めなければなりません。

少し賢ければ、四二五万円が残ったと考えられるのですが、税金アレルギーの経営者はこの七五万円が許せません。だから「税金で七〇万円も八〇万円も取られるくらいなら、五〇〇万円使ってしまえ！」になるわけです。

この「税金アレルギー」タイプの経営者は、業績が伸びているときはイケイケでいいのかもしれませんが、窮地に弱いといえます。赤字だと銀行からお金も借りられませんしね。

▼生命保険による節税は、できなくなった？

生命保険を使った節税策について知っておくとより会社のカラクリが見えます。生命保険を使った節税というのは、会社名義で生命保険に加入し、会社で出た利益の中から生命保険料を支払って経費として計上し、利益を圧縮するという仕組みです。

受取人はもちろん経営者自身。生命保険に加入することで、利益が抑えられるわけですから、当然法人税が下がります。そして、数年後、十数年後に返戻金《へんれいきん》としてお金を戻す…という方法です。

まあ、返戻金は戻したときにもう一度利益になってしまうので、そのあたりは経営者の退職金にするとかいろいろな対策が必要ですが、なんだかんだ生命保険による節税は王道の方法でした。

しかし、二〇一九年に国税庁から「法人向けの定期保険など一部保険商品について、販売を停止する」という発表がありました。簡単に言えば、「もう生命保険による安易な節税を認めないよ」ってことです。

この発表が二月十四日にされたので、業界では「バレンタインショック」なんて呼ばれています。一部例外もあり、生命保険による節税ができないというわけではないのですが、難しくなってきているんですね。

決算書の見方は「知ったかぶり」

「社長たるもの、決算書が読めなければならない」。たしかにそのとおりで、決算書が読めなければ、銀行から融資を受けるときの面談で、融資担当者からの質問に答えることができません。

自分の会社の決算についてわかっていない社長になんて貸せないですよね。ですから、原則としては決算書の見方がわからない社長は危険です。

「原則？」そう、社長なら決算書を読み解くスキルくらいは持っていそうですが、割と世の中には決算書がまるで読めない社長も多く存在します。

そんなので大丈夫なの？　って思う人も多いかもしれませんが、税理士や財務コンサルタントを頼りながら、「決算書や簿記についての知識はないけど、会社の財務状況は把握している」って社長は案外いるものです。

クリエイタータイプといいますか、細かいお金の管理に無頓着といいますか。

決算書に関しては、自分で読み解くスキルがあるか、専門家を頼って理解するか。このどちらかをクリアしていれば良しと考えてください。

問題は、「知ったかぶり」ですね。決算書が読めないくせに「ああ、あれね。はいはい、わかってるよ」みたいな感じで、知ったかぶる社長はちょっと注意。知ったかぶりなので、会社が好調と思い込んでいる社長もいますから。

そういう社長がいる会社は、気がついたらお金がなくなっている可能性も。怖い怖い。

一社依存、ブームに乗って伸びた会社は危険

これはわかりやすいシグナルです。まずは一社依存の会社。これはどういうことかというと、売上を構成している取引先が、一社しかないという場合です。

一社からの仕事の供給が安定しているということは、いい取引先があるということですが、この取り引きがなくなったら終わりという事実は拭えません。

実際、こういう話はよく聞くものです。

大企業から大きくまとまった業務を受注した。その結果、売上も伸び、社員も増えたけれど、数年後にその取り引きがなくなってしまって、どうにもこうにも会社を維持できなくなったというパターン。

売上構成的な脆弱性もありますが、こうしたある意味経営的には「ぬるま湯」であり続けた経営者にちょっと危機感がなかったといえます。ですから、あなたの会社の取引先がどのような分布になっているのか、確認してみるといいでしょう。

もうひとつ。ブームに乗って伸びた会社。

これもちょっと危うい。ブームというのは流行《はや》り。流行りがあれば廃れもあるわけで、このあたりは注意が要ります。もちろん、ブームに乗るってことは、経営者がそういう嗅覚を持っているということで、決して悪いことではありません。

例えば、近年でもっともわかりやすいのは新型コロナウィルス感染症で伸びた会社でしょう。これまであまり強いニーズではなかった、マスク、消毒液、アクリル板、体温測定、空気清浄機などは驚くほど需要が増えました。

ほかにも、飲食物の宅配サービスやオンライン配信など、流れに沿って需要を増していきました。私たち士業の世界では、補助金や助成金の申請業務なども伸びていきましたね。コロナ禍での有名なわかりやすい例といえば、エクスコムグローバル株式会社などでしょう。

「イモトのWiFi」などでモバイル通信サービスを手掛けていましたが、コロナ禍で海外旅行は壊滅的に。そこで目をつけたのが新型コロナウィルス感染症の検査である「ＰＣＲ検査」です。

「にしたんクリニック」と聞けば、「ああ、あれか」と思う人も多いはずです。にしたんクリニック自体は二〇一九年の立ち上げのようですが、コロナ禍にＰＣＲ検査事業を始めることで業績を伸ばしました。コロナ禍真っ最中のときには、検査は必要なものでしたしね。

ブームに乗って伸ばすことは悪くない。問題は、その次です。経営者がブームで得た業績の上にあぐらをかかず、二の矢、三の矢を考えているかどうか。ブームで儲かった事業の次に、別の事業や商品が出てこないと、ちょっと危ないのかもしれません。

とはいえ、ChatGPTなどに代表されるＡＩなど、新しいものに無関心でも足元を掬われます。このあたりのバランス感覚を持っている経営者は優秀といえるでしょうね。

なぜ、二世は会社を潰してしまうのか？

社長の息子や娘が事業を引き継ぐ。こういうことは多々あります。近年では、家具屋さんとかアウトドア企業とか、いろんな意味で世の中の話題になっていますが、「身内が会社を継ぐと傾きやすい」とよく言われます。

理由は様々。もちろん、親の代を継いで立派にやっている社長もいるので、ここでは「二代目のジンクス的な話」になります。

いくつかパターンを紹介しましょう。まずは二代目が先代のやり方を大きく変えようとするパターン。

二代目って、変えたがるんですよね。どうしても「親のおかげで社長になったボンボン」的な見られ方をしますから、自分の力を見せたい。そういう衝動があるわけです。新しいことを始めると、古参の社員はそれを嫌がる。そして「二代目はわかっていない」と崩壊の道筋をたどります。

こんなパターンもあります。

地方都市で老舗企業を経営している社長。子どもは都会の大学に行き、そのまま都会で就職。ところが、突然社長が事故により急死。跡継ぎとして都会で働いている子どもを呼び寄せ、社長に。

こうした急な事業承継は、知識も理念も経験も承継することができず、八方塞がり。こういうパターンの二代目就任もなかなか苦しいものです。

そのほか、例えば二代目に就任したときにはすでに経営が成り立っているので、財務なども既存の社員に任せっきりで実態を把握しないとか、あるいは子どもに社長を譲ったものの、いつまで経っても親である社長が会長や相談役などの肩書で会社に君臨し続けるなんてのも雲行きが怪しい。

たまに仕事が好き過ぎて引退しない社長もいますけど、この場合は、社長の座を譲った子どもがいつまで経っても社長を任せられる実力が身に付かなくて、離れられないって場合もあります。

だから先代に何かあったら急に崩れるというパターンも。まあ、単に子どもと離れたくないって場合もありますけどね。

ところで、身内以外の承継には「社内出世」の社長と、「プロ経営者」の場合があります。前者は社内で成り上がったいわば「サラリーマン社長」。

後者は、経営のためだけに呼び寄せられた「経営者のプロ」です。

プロ経営者の例としては、スターバックスコーヒージャパン株式会社の代表取締役を務めた岩田《いわた》松雄《まつお》氏などが有名です。岩田氏は経営が厳しかったスターバックスコーヒージャパンを、ANAとの提携や「VIA」(スティックコーヒー)の開発などで業績を向上させました。

こういう「プロ経営者」は義理人情で仕事をせず、報酬の対価として経営をします。結果が出なければ解任なので、プロ経営者が社長を務める会社は、潰れにくいといえるかもしれません。

出張が多い社長、本当に仕事してる?

出張ばかりしている経営者っていますよね。

SNSとかで「今日は沖縄にいます!」とか「仕事でシンガポールまで来ました!」みたいな投稿、よく見ると思います。もちろん、これも「事業にとって必要な出張」であれば、大きな問題はありません。

しかし、まあ説明するまでもないと思うのですが、単に遊びたいだけの場合は経費の無駄遣いですからちょっと危険な気配です。

特に気をつけたいのが「視察」って言葉。

国内だけにとどまらず、結構海外企業の視察ツアーなんかも世の中にはあって、「今後の事業のために視察が必要だ」と国内外駆け巡っている経営者もいるわけです。

本当にそういう目的ならばいいのですが、「視察」というワードを大義名分にして遊びまくっているのであれば、これはちょっと大丈夫？　という感じです。

私自身、これまで国内を始めとして、東南アジアやインド、アメリカなど企業視察は幾度となく行っています。海外企業から学ぶことは本当に多く、勉強になることばかり。でも、やっぱり特に海外視察はお金がかかるもの。だから、出張の多い経営者がお金を使っていることは事実です。

視察が無駄になっていないか見極めるポイントは、その視察から何か新しい事業や商品が生まれたか。あるいは、取引先が新規に見つかったなどの経営にきちんと貢献した視察であったかどうかです。

結果を出していれば、視察も立派な「投資」。ただの遊びであれば、それは「浪費」なので、このあたりを俯瞰《ふかん》して眺めてみましょう。

特に、ＳＮＳで虚栄心を満たしたいがために出張を続ける経営者には要注意です。「いいね」で満たされるのは経営者だけですから。

セミナー講師、目立ちたがり屋の社長には要注意

虚栄心という言葉が出ました。

経営者も創業の頃は、「家族を食わせるんだ」とか「世の中を変えるんだ」とか、理念にも燃え、経営を軌道に乗せるため必死です。他人の評価なんか関係ない。

ところが、経営が上手くいき、結果が出てくると周りから自然に評価されるようになります。露骨に言えば、「成功者」としてチヤホヤされるようになるわけですね。

チヤホヤされたことのない経営者が、チヤホヤされるようになるとどうなるかというと、調子に乗り始めます。非モテ男子・非モテ女子がモテ始めるようなものです。そこで上手いタイミングでやってきたりするのが、マスコミ取材やセミナー講師の依頼です。

メディアに乗ると、周りの評価がガラッと変わるんです。称賛の雨あられ。

これが気持ちよくないはずがありません。そしてセミナー講師。多くの経営者や起業家が、「先生、先生」って慕ってくるんです。これも気持ちよくないはずがありません。

これに気をよくした経営者は、もっと目立ちたくなります。マスコミ関係者とのつながりを増やしていったり、プレスリリースを頻繁に出すようになったり。もちろん、PR自体はいいことなのですが、それが売上に直結しているのかどうかが肝要です。

そしてセミナー講師。一度やってしまうと辞められないっていうくらい、慣れてない経

営者は気持ちがいい。セミナー講師の仕事が終われば、講師を囲んでの懇親会。またそこで称賛の嵐。

家ではついでもらえないお酒も、ここでは率先して「先生、先生」とついでもらえます。まるで依存症のようです。

となれば、今度はセミナー講師の仕事を率先して受けようとします。講師派遣サイトに登録してみたり、あるいはスーツを新調してみたり。こうなってくると、本業よりも楽しくて仕方がありません。

だってみんなチヤホヤしてくれるんですから。本業そっちのけで、セミナー講師業に手を出す経営者は、自分の虚栄心を制御できていません。そうなれば、講師業だけでなくほかのお金の使い方も気になってしまいますね。

なお、あくまで本業である事業をベースに、時々依頼を受ける程度であれば、大きな問題はないといえます。

それから、私のようなコンサルタントなどセミナー講師を主たる事業にしている人は、セミナー開催数が多いからといって、危険なシグナルというわけではないのは、一応伝えておきます。

《危険度★★》

人事偏重、会社「ごっこ」が始まるのは危険のシグナル

ここからはやや注意しながら見なければならないシグナル、星二つ編です。

まずは人事偏重、会社「ごっこ」ということなのですが、これは何かというと経営の本質から離れていってしまっているということ。典型例が、中小企業の経営者の「秘書」ですね。

まあ、男性経営者の中には、一度は若くて美人の秘書を置いておきたいと思う経営者もいるのです。そして、取引先にその美人秘書を見せびらかしたい、自慢したい。

スケジュール調整なんかも自分じゃなくて秘書にやらせたい。でも、ハッキリ言って中小企業の経営者の予定なんて、自分で決めたほうが早いわけです。

でもでも、秘書に何かやらせたい。その結果、一回必ず予定が秘書を通るので、タイムロスが出る。非効率でしかありません。

そもそも秘書というのは、どうも日本では「社長の小間使い」みたいなイメージがあるのですが、本来秘書の役割というのは、「経営者のパフォーマンスを最大化させる存在」であって、ビジネスを理解して、優先順位の高い予定調整を自ら行える存在なのです。

よくドラマや映画で「きみ、次の予定は?」「はい、社長。次の予定は○○○○社のC

ＥＯと会食です」みたいなやりとりがありますが、これは秘書が会社のためにこの会食を入れたほうがいいから判断して予定を入れているということ。

だから、社長が次の予定を知らなくてもいいわけです。なので、中小企業で経営者に無駄な秘書がいて、会社ごっこが始まっているというのも、ちょっと危険な兆しといえます。

まあ、かわいがっている秘書が社長の愛人だったりすることもありますが……。

それから、潜在的な危険を示すのが「共同経営者」なる立ち位置の人がいる場合。

一応、いまの社長が代表。でも、同じくらいの権限を持っている人がいる場合、リーダーシップが割れる場合があります。「船頭多くして船山に登る」の言葉のとおり、リーダーが多い組織は危険性を孕《はら》んでいると見ることができます。

社長の「表情」が変わる

これ、そんなことあるの？　って思われるかもしれませんが、これは実際にあります。税理士や社会保険労務士など、定期的に社長と顔を合わせる機会がある士業はこれによく気付きます。

本当に、会社がヤバくなると、社長の表情って変わるんです。好調なときは笑顔ですからね。悪いほうに向かっていると表情も悪いほうに向かいます。

これは人それぞれなのですが、一番多いのが「顔が浅黒くなる」です。なんでしょうね、血流が悪くなるのでしょうか……もしくは、「血の気が引いたような白い顔になる」という人もいますが、圧倒的に「黒くなる」が多いのです。

それは表情が暗くなるってこともあるのですが、要は違和感ですね。「これまで社長ってこんな表情していたっけ？」「社長って、こんなこと言う人だっけ？」みたいな違和感を感じたら、それは変化の証拠。

とても抽象的で申し訳ないんですが、やはり社長は業績に応じて表情を変えていきます。稀にポーカーフェイスの社長もいますが、そこは人間。表情、顔って変わるんです。

例えば、政治家なんかわかりやすいですよね。時の首相の就任時と退任時の表情、ネットで検索して比較してみてください。ぜんっぜん違いますから。

あんなに頑固だった社長が素直になるなんて……

これは割と決定的なシグナルと見ることができます。

社長って、基本的に頑固です。意思が強いともいえますが、自分がやりたいことがあるから会社を興すわけですし、我が強い人が多い。

もちろん、最近では「社員第一」という優しい社長も増えましたが、基本的には「自分で決めたい、自分がやりたい」人が社長なわけです。ですから、社内から提言があったとしても、結局社長の意見で決まる、みたいなことは普通です。

こんな唯我独尊な社長が、急に社内の提言を聞くようになったり、あるいは税理士や外部のコンサルタントの意見に素直に従うようになったら、少し危険です。なぜ、言うことを聞くようになるかと言えば、理由は二つ。

ひとつは、業績が芳しくないこと。

業績が思うように伸びなければ、やはりそこは社長といえども不安になります。自分がやっていることは間違っているのか？　なぜ、これだけ経営努力をしているのに、業績が伸びないのか？　と、自問自答が始まり、助けを求めるように他人に意見を求めだすのです。

二つめは、自信が失われているということ。

自信があれば、人の意見など聞かずとも会社経営はできます。業績不振なのか、はたまた別のアクシデントか？　ともかく、普段は人の言うことを聞かない社長が素直にアドバイスや提言を聞くようになったとしたら、それはちょっと危険な気配と言えます。

これ、税理士からするとよくわかります。

一般的に税理士は、社長の相談に応えるのがひとつの仕事です。

この場合の税金はどうなるんだ？　これは経費になるのか？　など、相談対応が日常業務になります。

基本的に、税金絡みのアドバイスに関しては、社長は素直に聞く傾向があります。税金のことがよくわからないからこそ、顧問税理士がいるわけで、お金に関するアドバイスは意外と素直に聞きます。

ところが、経営のことになると話は別。

最近では「提案型」といって、税務だけでなく経営に関するアドバイスをする税理士もいますが、社長からしたら「うちの業界のことは、俺のほうがよく知っている」「税理士に経営がわかるわけがない」などと一笑に付し、経営のアドバイスを素直に聞くってことはあまりありません。

そりゃ、経営しているのは社長自身ですからね。数字だけ見ている税理士になにがわかるって意見もわからなくない。

ところが、こういう社長が税理士に経営のアドバイスを求めだしたり、素直に助言を聞くようになってきたりしたら、前掲の兆候が現れているわけです。

そういう意味では、顧問税理士に「最近、うちの社長の様子どうですか？」って聞くのは、シグナルをキャッチするひとつの方法なのかもしれません。

ところで、この「素直に聞く」のもうひとつ上のシグナルがあります。それは、「人を疑わなくなる」です。藁にもということで、盲目的に信じてしまうようになります。そして次です。

税理士依存、コンサルタント依存が始まる

「他人の意見を素直に聞く」の次の症状が、「税理士依存、コンサルタント依存」です。業績不振からなのか、自信喪失からなのか、人の意見を素直に聞くようになり、それでも問題が解決されなければ、もう自分の意見なんて信じられなくなっていますから、今度

は依存が始まります。そう、何を決めるにも「先生の意見を聞いてから」となるわけです。「先生の意見を聞いてから」、自分で考えるのであればまだいいですが、決定そのものを税理士やコンサルタントに求めだすとかなり危険水域です。

そして、さらに末期になると税理士やコンサルタントが悪いといって、税理士を変更したり、別のコンサルタントに相談したりする。

こういうとき、案外厳しい意見は聞きません。

ある種の現実逃避なのかもしれませんが、例えば財務状況が深刻で、お金がない状態だったとします。こうなったら、例えば役員報酬を減らすとか、コストカットから考えるのが事業再生の基本です。

より深刻なときは、持ち家は売却して安い賃貸アパートに引っ越すとか、高級車を所有しているなら売却して少しでもお金をつくることに奔走する必要があるわけです。

でも、それはしたくない。なんとか自分の生活水準を維持しながら上手くいく一発逆転の方法がほしい……まあ、「一発逆転」って言い出したら末期なんですけど、要は自分の望むような耳触りのいいアドバイスをしてくれる人を探すようになります。

「自宅はいまのままで、役員報酬もそのままでいけますよ！」みたいな人がほしいわけです。やっぱり一種の現実逃避ですね。

もちろん、耳触りのいい助言だけでは経営は立て直せません。そういう意味では、危険水域のときに、自分の身を切れない社長は窮地に弱いのかもしれませんね。

個人資産の名義が変わる

だいぶ怪しくなってきました。

社長自身の所有する不動産、高級車の名義変更の話が出たり、実際に名義変更が行われていた場合は要注意です。

社長は会社の借り入れの連帯保証人になることがほとんどですから、破産となれば資産は基本的にすべて持っていかれます。そのため、会社が傾き始めたときに、不動産や自動車の名義を自分ではなく配偶者の名義にして、資産隠しをしようとするわけです。

ですから、こうした動きが出てくるような場合は注意。不動産の名義を変える手続きをするのは司法書士。自動車は行政書士。突然、こういう専門家が会社を訪れるのも、ひとつのシグナルかもしれません。

まあ、実際のところでいうと、会社が傾き始めた頃に行われた名義変更、資産隠しは合理的な理由がなければ、破産手続きの過程で破産管財人に否認されてしまいます。言い方は悪いですが、無駄な足掻《あが》きなわけです。

じゃあ、離婚してしまえばどうなんだ？　と思われると思いますが、それも本当に適切な離婚に伴う財産分与と評価されれば別ですが、まあよほどのことがない限り、否認されてしまいます。

配偶者との関係は、第2章でも触れますので、またそのときにでも。

新規事業に手を出す、資格を取り始める

既存事業が上手くいかなくなったら、なにか一発逆転を狙って新しいことに手を出そうと考えます。

この段階では、まだ諦めたわけではありません。新規事業を始めるために、何かの代理店に加盟したり、何か資格の認定を受けたりして、新しいことでなんとか会社を立て直したい。可能性を追っているわけです。

しかし、私のコンサルタントとしての経験上、窮地に新しいことをやって上手くいく例はあまり多くありません。

そもそも会社とは、社長の得意分野から始めていることがほとんどなわけです。そういう意味では、新規事業はやったことのない分野であることがほとんど。場合によっては不得意な分野になることもあるわけで、勝てる戦には到底見えません。

稀に一発逆転できることもないわけではないですが、まず厳しいと考えるべきです。それよりは、既存の得意分野でほかに打てる手はないかと考えたほうが現実的な可能性があります。

とはいえ、まだ諦めたわけじゃないということはわかります。このあたりが分岐点になるわけですが、追い詰められた社長がどういう心理なのか、考えてみましょう。

「潰れそうな会社の社長」の心理を考える

業績が悪くなれば、当然自分の会社ですから、社長はなんとかしようとします。それこそ金策に走る、事業の立て直しをする、できる限りのことをしようとします。

そもそも社長をやるくらいですから、メンタルは決して弱くない。いや、むしろ強い。だからこそ、ギリギリまで頑張ります。

しかしながら、社長も人間です。毎月の支払い督促に耐え、取引先に頭を下げ……耐え忍んで会社を立て直そうと踏ん張ります。

でも、業績が改善しなければ、どこかで心折れる瞬間がやってきます。これは社長によりますが、お金がなくなったとき、信頼していた社員が会社を見限って辞めたとき、主要な取り引きを打ち切られたとき。様々な出来事がトリガーになるのです。

そして、そのトリガーが引かれてしまえば、社長は段階的に変わっていきます。

まずは混乱期を迎えます。

普段は取り扱わないような事業に手を付けたり、付き合わない人たちとの交流が始まったりします。通常の社長なら信じないような儲け話も信じ込んでしまいます。

このあたりは「いや、さすがにそんな話信じないでしょ……」と思われるかもしれません。

しかし、ある種この時期は「洗脳状態」とも言えます。正常な判断が徐々にできなくなるのです。

そして最後。張り詰めた糸が切れるかのごとく、「被害を最小限にして終わらせよう」という心理になっていきます。

そうすると、最後に少しでもお金を残すために自社の売却を考えたりとか、社長の個人資産を守るために奔走したりとか、自分のことしか考えられなくなるのです。

そういう意味では、社長の言動がどの方向に向かっているかをきちんと認識するのも、危険なシグナルを察知するひとつの方法でしょう。

あくまで会社の立て直しに向かっているのか、それとももう終わりに向かっているのか。こういう社長の心理は、知っておくべきです。

《危険度★★★》

社長のあらゆる「見た目」と「言動」が変わる

さあ、ここからはもう危険度ＭＡＸです。危険度星二つのところでも「社長の表情が変わる」とお伝えしましたが、表情だけではなく、あらゆることに変化が出てきます。

例えば服装。

末期になれば、服装なんて気にしていられません。これまで糊の利いたシャツを着ていた社長の服装は、ヨレっとしてきます。髪型やその他の身だしなみも同じ。見た目って、本当に出るんです。

これは服装のだらしなさというよりは、以前との変化です。これまでオシャレだった社長が、同じ服を着続けたりとかね。もともと同じ服を着るタイプの社長もいますけど、要は変化がポイントです。

ほかにも、飲みつぶれて二日酔いになることなんてなかった社長が、お酒に呑まれて会社にこない。家族を大事にしていた社長が家庭を顧みない言動をする。

あるいは毎日のように書いていたブログを更新しなくなる。ＳＮＳの投稿もしなくなる。仮に情報発信したとしても、いまの自分でも少しでも「いいね」がもらえるような過去の栄華に関する投稿だったり……こういう兆候も出てきます。

ＳＮＳに関しては、「Twitter などのオープンなＳＮＳよりは Facebook のような比較的クローズなＳＮＳのほうに、深層心理が表れた投稿が出る傾向が強いといえます。

普段 Facebook に近況を投稿していた社長の投稿がだんだん減少し、以前のような投稿が少なくなった、というのは、危険なことを表すサインなのかもしれません。

加えて、この段階にくると温厚な社長でも「キレる」ことが出てきます。当然そうなれば社員やお客にも応援されなくなる。応援されなくなれば……まあ、そうなればここで解説しなくてももう末期だってわかりますよね。

ちなみに、性格が「良すぎる」社長も会社を潰してしまいがちです。自己犠牲、献身性といえば美しいのですが、経営はなんといってもお金。ある程度がめついくらいがちょうどよいのかもしれません。

占いに依存するようになる

パニック時や混乱期は、様々なことに手を出そうとする傾向があります。

私は占いなどの類を一〇〇％否定するわけではありません。中には一見占いのように見えても、数百年、数千年計測し続けた統計学をもとにしたものもありますし、実際にそういった学問によって業績を伸ばしている社長は存在しますし、そういう社長に会ったこともあります。

しかし、この末期間近の混乱期に新しくそういったものに手を出すのはやはり危険な証拠。税理士、コンサルタント依存の行く末が、この「よくわからないもの」頼りなのかもしれません。

同じく、否定するわけではなく適切に使えば価値のあるものだとは思いますが、そういった類のことを言わなかった社長が、「宇宙法則」「引き寄せ」「シンクロニシティ」などのワードを口にし始めたり、あるいは同じく突然「靴を磨くと運気が上がる」「感謝の気持ちを一日一〇〇〇回唱えると成功する」とか言い出したら、やっぱりちょっともう終わりが見えてきている感じがしちゃいますよね。

「近々大金が手に入る」は死亡フラグ

まあ、実際にこのドラマや映画のような「近々、大金が手に入るんだ……ニヤリ」みたいなセリフを言うような社長はいないと思いますが、近い趣旨のことを言う人もいます。

ひとつは個人の金策。

より具体的なお金のシグナルについては第2章で解説しますが、経営者仲間にお金を無心するようになったら末期です。

同じ社長ですから、当然負けてられないというプライドがあります。そういった「ライバル」でもある経営者仲間にお金を借りだしたらほぼアウトといえるでしょう。

そのほか、大金系でいえば、まずは「借りる」ということになります。

これも借り先がヤバくなれば、当然危険度も上がります。あとは投資系の話。「○○が値上がりする」とか特に海外のよくわからん投資話で「お金が入る」は危険なシグナルだといっていいでしょう。

よく考えれば、大金を手に入れられる術を持っているのであれば、最初からそれをやればいいわけです。窮地になって、いままでとは別の方法で「お金が入る」ってやっぱりちょっとおかしいですよね。

M&Aの情報を探し始める

社長ですから、それなりに会社の見通しは付きます。もしかしたら、割と早い段階で自分の会社に見切りをつけることもあるでしょう。

そのひとつの方法に、M&A。自社を売却するという選択があります。つまり、最後に自社を売却してその売却益で資産をつくり、再起に賭けようという考えです。

ですから、社長からＭ＆Ａとか会社を売るような話題が聞こえてくると、会社がマズい状況である可能性があるわけです。

ただ、実際問題としてはＭ＆Ａで会社が簡単に売れるかといえば、そうでもありません。傾きつつある会社なんて、基本的に誰も欲しがらないわけです。

末期になればなるほど、当然売れません。ですから、事業再生コンサルティングの世界などでも、実際は「身売り」っていう選択肢はあんまり選べないのが実情なんですね。

ほかにも、会社全体ではなくひとつの事業を切り取って売るという方法も考えられなくはありませんが、お金になる事業といえば、その会社の主要事業になるわけで、主要事業を失って上手く立て直すことができるのかといえば、やっぱりそんな簡単なことではないわけです。

個人資産の売却先を探し始める、売り始める

社長が個人資産の売却を始めたら、いよいよ本当にお金がない証拠です。前述の司法書士や行政書士、弁護士の出入りも増えます。

不動産会社やよくわからない人たちが会社に出入りするようになります。絵画や彫刻のような美術品、個人の資産となるものはすべてお金に変えようとします。

ここまで来ると、必死なのはわかります。ポイントとしては、そのお金を何に使うのか

ということです。会社の立て直しのために使うのか？　それとも、逃走資金に使うのか？

社長が個人資産にまで手を付けるということは、本当に最後です。

倒産の実態を見るとわかることなのですが、実際は「自宅」って売りたくない社長が多いんです。成功して手に入れた「城」ですからね。だから、最後までしがみつく。自宅だけはなんとか確保したい。でも、破産となれば取られちゃうんですが……。

不動産なので、事業規模によってはその売却益で会社を立て直す可能性も出てきます。でも、これがなかなか手放せないんです。

不動産を手放さないとなると、あとは車。そして美術品はなかなか売れない。そうなると、個人資産を売ったところで、会社を立て直す資金にはちょっと程遠いというわけです。

本当に潰れる直前の会社の社長は「明るい」

基本的に、会社が潰れそうになれば社長の顔色は黒く、そして表情も暗い。だから、社長を見るだけで「この会社、ヤバそうだな…」って感じることができます。一方で、ある一線を超えると潰れそうな会社の社長は明るくなるのです。それも弾けたように。

理由は簡単。もう諦めてどうでもよくなってしまったから。あるいは、夜逃げの準備ができて、あとは逃げるだけになったから。

前者は現実逃避。後者は昔の言い方で言うと「高飛び」ですね。目の前の負債、借金、給与の支払いから逃げられるとわかって、反動でハイになってしまうわけです。

例えば、ある税理士の話によれば、クライアントである顧問企業の社長が業績不振で倒産間近の憂き目にあっていた。どんな優秀な税理士でも、会社そのものが売上をつくれないのであれば、なかなか効果的なアドバイスもできません。

社長の顔色は優れず、借金の支払いに怯えていた。しかし、あるとき突然朗らかな表情に変わって、明らかにハイになっている。もちろん、業績は変わらずよくない。むしろ倒産のカウントダウンが始まっている。

そして、社長は突然いなくなったそうです。あとで関係者から話を聞くと、どうもそのハイになっていた時期は、会社に残っていた資金を個人的に入手し、どこか遠くの田舎に住居を確保し、あとは逃げるだけになっていたそうな……。

だから、暗くなっていた社長が、何の妙案も対策もないのに突然明るくなったら、最後の最後。しかし、突然ハイになるなんて、怖いシグナルですよね。

社長と連絡がまったく取れなくなる

これは説明するまでもないと思いますが、最後は社長と連絡が取れなくなります。突然取れなくなることもあれば、徐々に取れなくなることも。

後者の場合は、最初は銀行などからの連絡に対応するも、徐々に策がなくなり、電話に出ることが怖くなる。そして、だんだんと折り返しの電話もなくなり、会社に行っても社長がいない。そんな感じです。

会社の「たたみ方」については、第8章で触れますが、社長がいなくなってしまえば、もうできることはほとんどありません。銀行は貸したお金は「不良債権」として諦めるしかありませんし、社員は自主退職するしかありません。

正直、お手上げです。社長のスマホや車にGPSでもついていれば、追跡できるかもしれませんが、事前にそんな対策をしている会社もないでしょうし、社長がいなくなり、まったく連絡が取れなくなったら、ジ・エンド。残念ながら、バッドエンディングです。

法令遵守意識がない社長は超危険

ところで、これは説明するまでもなく当たり前のことなのですが、やはり法令遵守《じゅんしゅ》意識のない経営者は危険です。それも超危険。

危険度でいえば星三つでも四つでもいいのですが、法律違反をしたら一発アウトというのはよくあること。

脱税や助成金の不正受給に始まり、許認可の虚偽申請、残業代未払いの揉み消し、著作権や特許・商標などの知的財産権の侵害など、法律違反の例を挙げるとキリがありませんが、どんなに小さなことであっても違法は違法。

このあたりの意識がない社長は超危険です。言い訳もできないし、言い逃れもできないですからね。

会社がなくなる瞬間は、キレイじゃない

会社が倒産するときに、社長の人間性がハッキリ表れます。民事再生法などで再建できればいいですが、中小企業ともなれば、そのほとんどが清算、破産に向かいます。

社長としては、人生を賭けて興した会社が潰れてしまうわけですから、忸怩《じくじ》たる思い以上のものでしょう。

「人間性がハッキリ表れる」と言いましたが、これは二つの行動結果に分かれます。それは、「最後まで社長としての責任を取って、きちんと会社を終わらせる」というものと、「逃走」です。

「破産」のイメージは正直言って、あまりよくありません。「失敗した」「ダメ社長」「人様に迷惑をかけた」などなど、こういう負のイメージがまとわりつきます。

しかし、破産は違法なことではなく、法律で認められた制度です。

社員や取引先、顧客からは恨まれることもあるかもしれません。しかし、こうした厳しい声に耐えながらも、最後まで責任を果たし、破産手続きをきちんと進め、債務に関しても決着をつける。このように最後まで責任を取るタイプの社長もいます。

一方で、逃げてしまう社長もいます。

クレームや批判に耐えられない。破産者になりたくない。世の中が悪い。俺だけの責任じゃない。色々な考え方はありますが、最後は社長としての責任を果たすことなく、逃げてしまう。こういう社長もいます。

前述のとおり、自ら命を……というよりはいいのかもしれませんが、結果として関係者は迷惑を被ります。

そして、この二つの結果は、普段の社長からはわからないものです。よく、「人は追い詰められたときに本性が出る」とは言いますが、普段から人として尊敬され、ボランティアや寄付活動に熱心だった社長が、最後は失踪してしまったという例もありますし、その逆もあります。

普段は仕事振りもいい加減で、社長としてはどうなの？　という社長でも、最後は根性見せて、借金までして社員になけなしの退職金を支払うということもあります。

だから、最後の最後までわからないのです。

そして、会社の最後はお伝えしているように、キレイな終わり方ばかりじゃありません。自死を選んでしまう社長もいるように、やはり社長という仕事は重責で、社員から見たらわからないような重圧と戦っているのかもしれませんね……。

ちなみに最後。星1つとも2つとも3つともいえるシグナル。それは、社長自身の「健康問題」です。

健康問題に関しては、未然に防げるものもそうでないものもありますが、少なくとも健康診断に何年も行っていない経営者なんかは、見えないシグナルを発信しているのかもしれません。このあたりにもご注意です。

第2章　潰れる会社のシグナル〈お金編〉

潰れる会社のシグナル、今度は「お金編」です。

中小企業であれば、お金周りのシグナルは比較的見えやすいといえます。社長が同じ職場にいたり、社長の配偶者が経理をやっていたりすれば、銀行などの金融機関とのやりとりや税理士とのやりとりなども、窺《うかが》うことができることもあるでしょう。

ですから、このあたりの情報に敏感になることがポイントです。

一方で、大企業や上場企業ともなれば、なかなか会社のお金周りの情報を摑むのは簡単ではありません。

上場企業であれば、財務状況をウェブサイトなどで公開しているため、多少は情報が手に入りますが、実際のお金の動きがわかるわけではありません（公開されているからといって、正しいとも限りませんし）。

大企業・上場企業の場合、キーとなるのは「経理部」です。

もし、あなたが会社の財務状況を知りたい、シグナルを探したいと考えたら、経理部に入るか、経理部との関係性をつくるのがひとつの方法です。もっとも、経理部の情報統制はなかなかのものですから、情報を手に入れるのは難しいかもしれません。

ただ、お金というのは社長と同列くらい、会社の維持に必要なものです。

極論言えば、「お金があって、潰れる会社はない」のです。

本書では、シグナルを察知しやすい中小企業寄りにして解説をしていますが、社長とお金ってやっぱり切り離せない。本章の中のトピックは社長編に入れたほうがいいようなトピックもありますが、お金に寄っているということで、こちらに収録したものもあります。

そういうわけで、潰れそうな会社のシグナル、「お金編」です。

《危険度★》

突然、補助金や助成金の活用を言い始める

まだ軽いシグナルですね。

いま、国内には補助金や助成金といわれる主に中小企業の支援制度があります。一定の条件を満たすと、国や地方自治体からお金がもらえるというものですね。ちょっと簡単に解説しておきましょう。

▼補助金と助成金について

どちらも国や地方自治体などが行っている支援制度。補助金は経済産業省が管轄するものが多く、代表的なのは、設備投資などに補助が出る「ものづくり補助金」、小さな会社の販路開拓を支援する「小規模事業者持続化補助金」、売上や業務効率を高めるＩＴツール導入のための「ＩＴ導入補助金」などです。

これに対して助成金は、厚生労働省が管轄するもので主に雇用に関する支援。こち

らも代表例は、社員の正社員化を支援する「キャリアアップ助成金」、コロナ禍で有名になった「雇用調整助成金」などがあります。

どちらも返済不要のお金で、銀行からの借り入れと違って返済する必要がありません。国が支援していることもあれば、地方自治体がそれぞれ独自に支援制度を敷いていることもあります。なので、上手く使うことができれば、中小企業にとってはとても助かる制度だといえます。

大きな違いとしては、厚生労働省管轄の助成金は条件さえ満たせば、ほぼ間違いなく受給できるの対して、補助金は条件を満たしても必ず受給できるというわけではないという点です。

補助金は、事業計画をつくり、補助金受給の申請をします。申請後、「審査」と「採択」という段階があります。要は、この事業計画で補助金を出してもいいかどうか、検討するフェーズがあるわけです。

結果として、補助金申請の条件を満たしていても、採択されない場合もあり、補助金は申請さえすれば絶対にもらえるわけではないのです。

そして、補助金も助成金も、基本的には「後払い」。補助金は設備投資などを先に行い、あとからその金額が補助されるという仕組み。助成金も、各助成金によってまちまちですが、もらえるのは申請から半年後とか、そんな感じです。

ちなみにここで言うことではないかもしれませんが、新聞やテレビ等で報道されているとおり、これらの申請に不正があると「不正受給」といって、厳しく処罰されます。なので、「不正受給、ダメ・ゼッタイ」です。

会社の運転資金が心許なくなると、社長は自然と金策を考え始めます。銀行からの借入れをすることもあれば、事業の見直しを考えることもあると思いますが、突然「補助金」「助成金」と言い出したら少し気にかける必要があると言えます。

まず、こうした制度を活用すること自体は良いことです。国や地方自治体が提供している適法な制度なので、上手く活用すること自体は良きことです。

しかしながら、補助金にも助成金にも「制度趣旨」ってものがあって、ただジャブジャブお金を配るものではないという点にも注意が要ります。

どちらも基本は企業の支援。助成金ならば、雇用を促進するために出るわけです。補助金も同じ。ものづくりやＩＴ導入を支援するために出る。コロナ禍初期に配布された一律の給付金みたいなものとはちょっと違うのです。

ですから、実際は「おいしい話」ってあんまりないのです。設備投資系の補助金でも、最初にお金が出ていって、その２／３とかが補助されるわけで、利益が出るわけでもない。

助成金なら、例えばパートやアルバイト、契約社員を正社員にすることなどに助成金が出る。正社員になれば、当然給与も以前のままというわけにもいかないでしょうし、また近年は、助成金の受給要件に昇給が含まれていることもあり、企業の負担は当然増える。

だからこその助成金なわけです。

だから、こういった制度趣旨を考えず「ただでもらえるものは、もらっておきたい」とか「補助金とか助成金とかで、楽にお金を手に入れたい」って考えているのは本末転倒で、社長としてそれ大丈夫なの？　ということになります。

まあ、私も経営者なので、お金がほしいという気持ちはわかりますが……。その精神性にちょっと危険なシグナルかな、ということです。

銀行との面談が増え始める

中には「無借金経営」といって、まったく借り入れをしない会社もありますが、多くの場合、特に中小企業は銀行などからの借り入れを行って会社を経営しています。

というと「借金のある会社って、大丈夫なの？」という意見があると思いますので、ここでは「赤字」についてと、「借り入れ」について解説しておきますね。

赤字でも強い会社、黒字でもお金がない会社

本題に入る前に、「赤字」についても前提として解説しておきましょう。

漫画やドラマなどでもよく聞きますよね。「うちの会社が赤字で大変なんです！」「今月もうちの家計は赤字だわ！」みたいなセリフ。

要はお金がない、足りないってことはその雰囲気から理解できると思いますが、お金が

ないのになぜ、会社や家計が維持されているんでしょうか。

赤字というのは、利益が出ていない状態です。

国税庁が二〇二一年三月二十六日に発表した「国税庁統計法人税表」（二〇一九年度）では、赤字決算を出している法人は実に六五・四％と、日本の半分以上の会社が赤字、つまり「利益が出ていない」のです。

そう考えると日本の六割以上の会社が倒産してしまうのでは……となりますが、そうはなっていません。いまも今日も会社は成立している。そのカラクリは、赤字とはあくまで「収入より支出が多い状態を指す」ということだからです。

中小企業を例にとって解説していきましょう。

例えば、売上三〇〇〇万円の中小企業があったとします。年間にかかる家賃や従業員の人件費などの年間諸経費がざっくり二五〇〇万円。そして、経営者が一〇〇〇万円の役員報酬を得ていたとします。

そうすると、経費の合計は三五〇〇万円。売上を超えてしまいます。

「あれ？　売上を超えているのに、なぜ支払えるの？」

と、疑問に思いますよね。

会社経営というのは単年で考えるものではありません。良い年もあれば、悪い年もある。

例えば、前年はヒット商品が出て、売上が五〇〇〇万円あったとしたらどうでしょう。

諸経費を同額と考えれば、前年の利益は五〇〇〇万円引く三五〇〇万円で一五〇〇万円の利益が残っています。

わかりやすくするため、法人税等の考慮はここではしませんが、前年の利益が残っていれば、今年は利益が出ていなくても、過去の現預金で支払うことができた。つまり、今年は赤字決算。でも、会社は存続している。そういう仕組みなのです。

売上でなく、借り入れでも同じようなことがあります。

同様の売上三〇〇〇万円、諸経費総額三五〇〇万円の売上構成だったとして、ここに銀行からの借り入れが二〇〇〇万円とかあれば、すべての諸経費を支払うことができます。決算上は赤字。でも、会社にお金はある。これが赤字なのに潰れないカラクリというわけです。

少しだけ税金の話をすると、会社には「法人税」という税金があって、単純計算だと会社の売上から諸経費の総額を差し引き、残ったものが利益。この利益にかかる税金が「法人税」です。

ということは、赤字で利益が残らなかった場合に、法人税は課税されないのです。そのため、中小企業の経営者の中には「赤字決算にしとけば、法人税払わなくてもよい！」と考え、役員報酬を高めに設定してあえて赤字決算にしている人もいます。

現預金さえ残っていれば、会社は存続できますからね。

まあ、このあたりは後述しますが、無理に赤字決算にするということは計画性のない高級車の購入や無駄に高すぎる役員報酬にするということで、これは破壊的に金融機関の評価が悪いです。

そしてそもそも必要以上に経費を計上するわけですから、お金は残りませんし、原則として赤字決算にすることで銀行からは借りられなくなっちゃうので、こうした短絡的な考えの経営者がいることは、ひとつの危険なシグナルといえますけど。

▼借金がある会社に、危険はないの？

結論から言うと、銀行などから借り入れをしているだけで、その会社を「危険」ということはできません。例えば、日本を代表する企業のトヨタ自動車。「有利子負債」と呼ばれる借金は、なんと二五兆円もあります。

ほかにも、ソフトバンクグループ。ソフトバンクグループには一八兆円を超える有利子負債があったりします。こんなにお金を借りているんですね。それでも、「トヨタが借金で潰れる！」なんて話は聞いたことがありません。こんな借金まみれなのに、なぜなんでしょう。

まず、前提として会社を経営するにはお金が必要です。すべて自己資金で賄えれば、それに越したことはないのですが、現実問題として数千万円とか数億円を社長個人が用意することは難しい。

そこで、金融機関からの借り入れを行うわけです。借りる先は、政府系金融機関の

「日本政策金融公庫」や都市銀行や地方銀行などの「銀行」。そして地域に根ざした信用金庫や信用組合です。

重要なのは、その借りたお金の使い方になります。例えば、借りたお金をすぐに使ってしまえば、当然返済が苦しくなります。これは悪いお金の使い方です。

「一〇〇〇万円も借りることができた！　よし、高級車を買おう！」みたいな浅慮の社長はなかなかいないですが、いまの運転資金と合わせて、返済計画を考えながら、きちんとプールする分はプールする。これが正しいお金の借り方であり、使い方です。

金融機関の考え方も知っておきましょう。

例えば、「銀行から借り入れをしていて、毎月の返済があり、その返済を毎月期日に実行している会社」について、一般的には「借金のある会社なのか……大丈夫かなぁ」という見方をされます。

しかし、金融機関はこの会社について「銀行が信用して貸している。毎月遅れることなく、返済も行っている。貸し先として信用できる」と判断するのです。

そのため、中小企業では複数の金融機関から借り入れをすることがあります。金融機関としても、複数の金融機関が貸しているのであれば、信頼できるだろうと判断しますので、より貸しやすい。つまり、一般的なイメージと真逆なんです。

そもそも、金融機関は企業にお金を貸すことで商売が成り立っているわけで、信頼できる企業にはどんどん貸したいんです。なので、上手く借り入れを行っている会社は、会社に現預金が豊富にあるということで、かえって「潰れにくい会社」ともいえるわけなのです。より詳しくは、第7章で解説します。

……と、このように上手く借り入れができていれば問題ないのですが、苦しくて借りるとなると話は別です。

銀行との面談が増えるということは、どういうことでしょうか。

まず、信頼できる優秀な企業であれば、銀行は割と軽くポーンと貸します。一〇〇〇万円でも二〇〇〇万円でも。では、簡単に貸せない場合はどういうケースかといえば、そのまんま「貸し先として信用ができない」からです。

例えば、赤字決算だと借りることは難しい。当然、赤字決算ということは利益が出ていない会社ですからね。そんな会社にお金が貸せるわけがない。

でも、会社が傾き始めれば、当然社長は金策を考える必要があります。つまり、なんとかしてお金を金融機関から借りようとするわけですね。

しかしながら、赤字決算なので金融機関もそう簡単には貸せない。会社の現金の過不足などを監理する「資金繰り表」や事業計画、収支計画などを出してもらい、面談に面談を重ねる……というわけで、苦しい借り入れをしている場合に、金融機関との面談が増えるというわけです。

ちなみに、この借り入れのサイクルが早くなり始めたら要注意。借り入れ自体は経営のためにひつようなものですが、そんなに頻繁に借りるものではありません。

ひとつの金融機関につき、一年か二年に一回とか、そんなものです。それ以上の短いスパンで借りる素振りが見えたら、危険な匂いがするってことになりますね。

社長の配偶者との関係が悪化すると起こるお金の悲劇

中小企業の場合、夫婦で会社をやっていることも多く見受けられます。もちろん、そうでないこともありますが、やはり会社＝社長です。社長とその配偶者、つまり家庭に不具合が起こると、会社経営に異常をきたすことがあります。

いくつか例を見てみましょう。

まず、夫婦で会社をしている場合。

「家族経営」なんて言ってアットホームな雰囲気で……と言えば聞こえはいいですが、夫婦経営の場合、お金に関していわゆる「なあなあ」になりがちです。良く言えばおおらか。悪く言えば「どんぶり経営」。もちろん財務会議なんてありません。

ですから、お金の管理がずさんなことが多く見受けられます。言い換えれば、会社のお金を私的に使える環境にあるわけです。夫婦で会社の財布を見ていれば、無駄な出費などは気付くかもしれません。

しかしながら、家族ゆえのごまかしなどもあるわけで、ちょっと不安になります。中には子どもの学費や勉強道具なども会社の経費で購入している会社もあるとかないとか……。

もとい、家庭が崩壊すれば、前掲の「愛人」の項目でお伝えしたとおり、会社のお金の使い方は無茶苦茶になります。家庭の崩壊＝会社の倒産、という図式が当てはまることも多いわけです。

もちろん、前述のとおり仮に愛人がいても上手くバランスを取れる社長であれば、事実上家庭が破綻していたとしても、会社経営を続けられることもあるわけですが、やはり家庭が安定している社長は、経営も順調なことが多いのも事実です。

ちなみに、会社が傾き始めてから、再建できる社長の夫婦仲はとてもいいことが多いそうです。最後の最後で踏みとどまり、勇気を与えてくれるのは夫婦愛なのかもしれませんね。

なお、夫婦経営のお金の問題をピリッとさせるためには、第三者の関与が効果的です。コンサルタントや税理士など、第三者が入ることによって、私的使用が難しくなりますので、なあなあにしたくない場合は、第三者を関与させるといいでしょう。

資金繰り表が存在しない会社は要注意

先程さらっとお伝えしましたが、会社のお金を管理する方法として、「資金繰り表」を作成するという方法があります。これに類似するものとして「キャッシュフロー計算書」というものもありますが、基本的にはどちらも会社のお金を管理するものです。

違いとしては、資金繰り表が手元の資金の予測であり、キャッシュフロー計算書は過去の実績を見るもので、まあ、そういうものが会社経営にはあるんだと思ってもらえればOKです。

ちなみにこれらの表なり計算書は、法律的につくらなければならないとかそういう義務があるわけではなく、ない会社もたくさんあります。

そんな資金繰り表ですが、これが存在しないからヤバい会社……とも言えるのですが、ある会社は信頼できる……かもしれないくらいの感じです。その性質を解説していきます。

まずは信頼できるパターン。

それは、会社の業績も好調。借り入れも潤沢で返済にも問題ない場合で、資金繰り表がきちんと整備されている場合。これは最高の状態です。会社が順調だからといってお金の管理がいい加減になっているわけではないですし、盤石といえます。

一方で、資金繰り表があっても厳しい場合。

それは、会社の業績が芳しくなく、借り入れをするための説明として資金繰り表をつくっている場合。これは資金繰り表自体が存在することはよいのですが、借り入れするための説明につくっているわけで、会社自体は不安な状態といえるのです。

一方で、資金繰り表がない場合。

それでも経営が順調であれば、特に資金繰り表はなくても経営は成立します。問題なのは、会社の業績がよくないのに、資金繰り表すらないパターン。これはかなり心配です。

会社の業績がよくないとき、例えば赤字決算ならばこの資金繰り表は、金融機関から借り入れをするための最後の綱。そういうわけで、状況に合わせて資金繰り表の有無を確認してみるといいでしょう。

帳簿に記録のない「簿外債務」がある

会社の帳簿に載っていない債務を帳簿の外にある債務ということで、これを「簿外債務」と呼びます。

例えば、典型例は「未払い残業代」とかですね。

決算書上はなかなか好成績に見えても、実は支払っていない未払い残業代がたんまりある。証拠を集めて社員全員に未払い残業代請求をされたらアウト、みたいな会社いっぱいあります。

ほかにも、企業がほかの企業や個人の保証人になっている場合。その債務者に何かあれば、会社は支払い義務を負います。

こういう簿外債務は企業買収の際などに入念にチェックされるものですが、通常の経営だとなかなか把握しきれません。

言い換えれば、決算書だけ見ても、その会社のことは把握しきれないってことですね。

簿外債務については、その例を図版でまとめておきます（74ページ）。

簿外債務の例

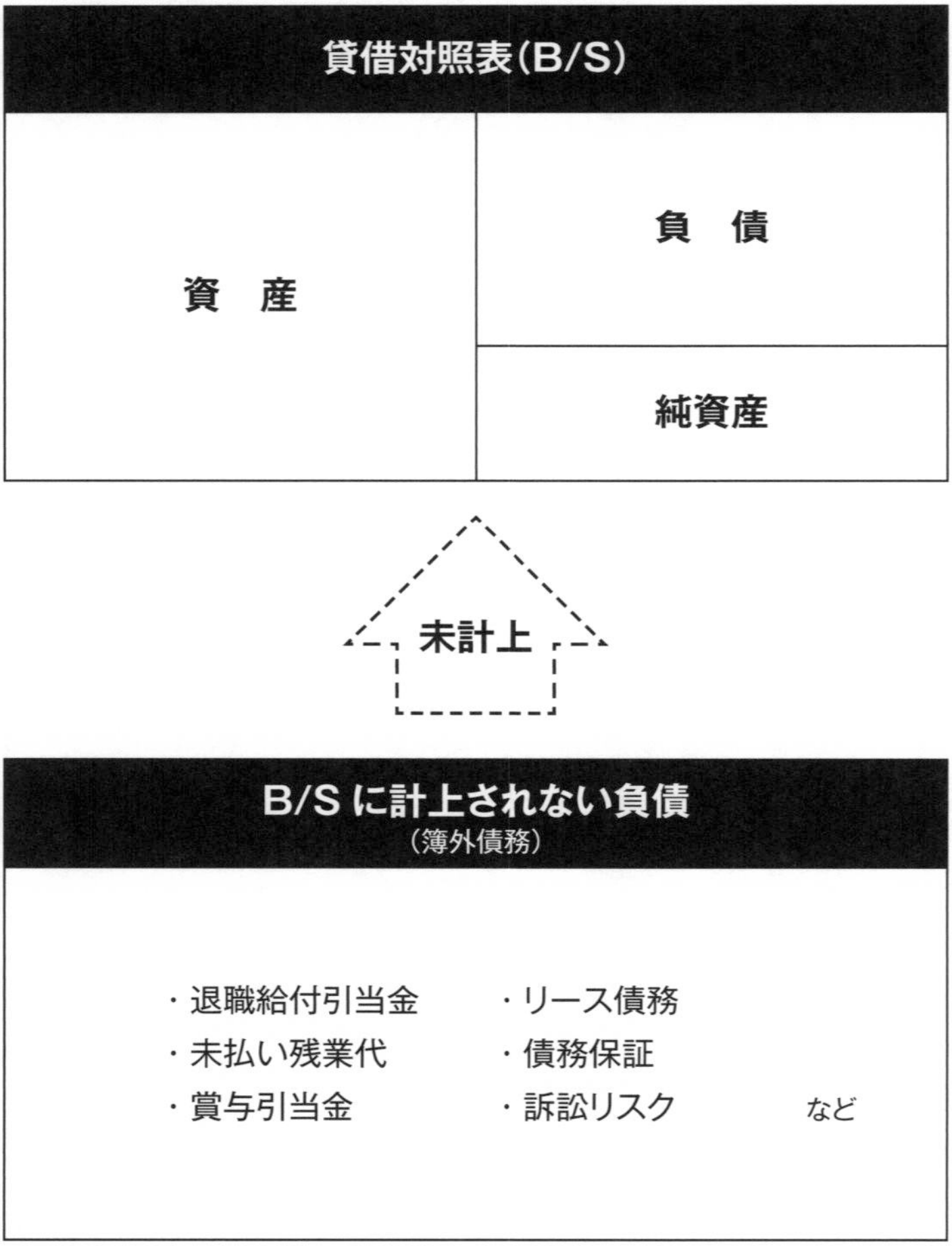
貸借対照表(B/S)
資　産
負　債
純資産
未計上
B/S に計上されない負債
(簿外債務)
・退職給付引当金
・未払い残業代
・賞与引当金
・リース債務
・債務保証
・訴訟リスク
など

社長の人間関係が変わるのは「金策」

前章で解説したように、「税理士依存」や「コンサルタント依存」など、会社がいよいよヤバくなってくると、社長の人間関係に変化が表れます。通常時なら、社長の人間関係というのは多岐にわたるものがあり、友人もいれば、経営者仲間もいる。あるいは商工会議所やロータリークラブなどの経済団体の知り合いなども交流があるでしょう。

ところが、お金に困ってくるとこの人間関係は「お金中心の人間関係」に変わってくるわけです。例えば、登場人物はこんな感じになります。

金融機関の担当者――お金を借りるため
不動産会社――自分の不動産を売却するため
保険会社――生命保険などの解約
コンサルタント――複数のコンサルタントが来ることも
税理士――税理士も訪問回数、打ち合わせ回数が増えたりする
なんか鑑定とかしてくれる人――美術品やその他嗜好品の売却
投資家らしき人――この人を「いい話を持ってきてくれた」「恩人」とか言い出したらヤバい
これまでに関わりがない層の人――ヤバいところから借りているのかも

ちなみに、金融機関の担当者、不動産会社、保険会社に関しては、いい意味で会うこともありますので、一概には言えないことは付け加えておきます。

業績がよくて、金融機関からもっと借りてほしいということもあるでしょうし、同じく不動産投資を始めるのかもしれない（これも是非がありますけど）。あるいは、生命保険は節税のためかもしれない。

とはいえ、ガラッと社長の人間関係が変わったら要注意、ということです。

《危険度★★》

社長の不在が増える、連絡が取りにくくなる、乗っている車が変わる

これは金融機関の担当者目線の話。

業績がいいときは、社長はいつでも会ってくれます。会社が好調なことも伝えたいし、それを伝えることが金融機関の評価も上げます。ですから、割と突然訪問しても会ってくれるし、むしろ歓迎される。でも、会社が厳しくなり始めた途端、この態度は変わります。

まず、社長の不在が増えます。「あれ？　前は会社によくいたのに……」。加えて、喜んで出てくれた電話連絡も、折り返しがデフォになったり、その折り返しさえなくなってきます。

あんまり会いたくない。話をしたくない。つまり、業績が芳しくないんです。このよう

に、連絡が取りにくくなります。

まあ、これは金融機関の担当者とだけでなく、取引先や顧客全般にいえます。そんなことより、会社のお金がなくなってきて、それどころじゃないのです。まあ、儲かるって話なら逆に飛びついてくるわけですが。

それから、わかりやすい変化といえば、やはり社長の車でしょう。車って、その人の好みが出ます。

これまでは「車といえば、ベンツのＳクラスしかありえない」とか豪語していた社長が、しれっと国産車に乗り換えていた。なんてことがあったら、何かあったとしか思えません。

こういうところにも変化が出ますので、「こだわりの強い社長の所有物の変化には要注意」ってことになりますね。

金融機関への返済、各種の支払いが遅れ始める

綻びはほんのちょっとしたことから見えてくるものです。

例えば、各種の支払いというのが会社経営にはあります。家賃や光熱費などの基本的なものに加え、各種の外注費。税理士の顧問料や金融機関からの借り入れの返済なんかもそうですね。会社というのは、様々な協力者のもとに成立しているといえます。

こうした毎月の支払いの多くは、引き落としのような「何もしないで口座から支払う」というパターンが多いといえます。クレジットカードの支払いとかもそうですね。

こうした毎月の支払いに遅れが出るのです。これは「遅れた」というより「銀行の預金残高が不足した」という事実に注目すべきです。

だいたいこの事実がわかると社長は「ああ、残高不足ね。ほかの口座から支払うから。たまたま口座にお金がなかっただけで、問題ないよ」ってなもんで、まったく問題ないことを強調します。

もちろん、会社が複数の銀行口座を持っていることはよくあることですし、引き落とし額がたまたま生命保険料など高額だったというのならわかります。

そして、それが事実ならば単なる管理ミスなのでしょうけど、支払いに使っている口座の残高が一瞬でも引き落としに耐えられない残高になるって、ちょっと大丈夫かな……と思うのが心情です。

これには2パターンあって、本当に会社の資金繰りがヤバくてお金がない場合がひとつ。そして、本当にいるんですけど、マジでお金の管理がだらしないだけっていう場合もあります。

中小企業って、本当に社長で決まるんです。社長の性格がこうした結果を生むわけですが、いずれにせよ、お金にだらしないってのは不安要素ですよね。

ちなみに、金融機関への返済は、仮に引き落とし不能でもきちんと連絡をして当月中に返済をすればセーフ。翌月になれば取引先としての評価が下がります。

金融機関の担当者からすると「いつもは引き落としできていたのに、最近は即日引き落としじゃなくなってきた」というのは要注意として見るそうな。様々なところに、変化って表れますね。

銀行融資のリスケが行われる

徐々に厳しい状況になってきます。銀行融資のリスケが行われたらEMERGENCYです。リスケというのは、「リ・スケジュール（reschedule）」のことで、要は銀行への返済計画をもう一度見直す。つまり、いまの返済計画ではもう返せないということです。

金融機関は一般的に、取引先をこのように分類しています。金融機関によって言葉やステージの違いはあれど、おおよそこんな感じです。

▼金融機関の評価構造

①正常先
②要注意先（非管理と要管理にわけられる）
③破綻懸念先
④実質破綻先
⑤破綻先

②以降が要注意先。③④となればなるほど、破綻に近づき、⑤が破綻先。こんな評価構造になっています。③④⑤と評価されると、まず追加融資は不可能です。

リスケになると、金融機関の評価は②となり、さらに「要管理」となります。監視下に置いておかないとこの会社はマズいぞってことですね。こうなると、金融機関は回収モードに変わります。

そして、リスケしても利息の支払いは発生しますので、利息の延滞管理など、要は「圧」が変わってくるわけです。一日でも延滞を出さないように、社長に朝から電話、会社へも電話、最後は訪問と。なので、リスケはわかりやすいシグナルだといえるでしょう。

ところで、バブル崩壊後に「貸し剝がし」という言葉が話題になりました。これは金融機関が貸し先に融資や減額を取りやめたり、返済期限が来る前に返済を迫ることをいいます。

バブル崩壊後は、地価や住宅価格が大幅に下がりました。簡単に言えば、金融機関は貸し先が資産となる不動産を保有していたから、それを担保としてお金を貸していたわけです。この不動産の価格が下落したことで、回収不能になる可能性を考え、「貸し剝がし」に走ったという背景があります。

「銀行は絶対に潰れない」という神話も、このとき崩れ去りました。北海道拓殖銀行、日本長期信用銀行、日本債券信用銀行、山一證券、三洋証券など大手金融機関が倒産したことは有名な話でしょう。

いまでは、こうした極端な貸し剝がしは例外を除いて行われていないようですが、その例外のひとつが「資金使途相違」の場合。借り入れというのは、資金使途があって成立します。

例えば、「運転資金・諸経費支払いのため」に借りた場合に、不動産を購入するのは約束違反、つまり資金使途相違になるわけです。この場合、諸事情は割愛しますが、金融機関は回収不能にならないように動き始めます。

だから、リスケ自体は危険なシグナルですし、「銀行から借り入れしたから、高級車買ってやった」というのも、かなり危ないといえるのです。

「みんなで頑張ろう」と減給の相談が始まる

会社経営でかかる経費の中で、その大部分を占めるのが人件費。会社が傾きかけた社長にとっては、その人件費はとても重く見えます。

とはいえ、社員がいなくなってしまっては会社経営も成り立たないので、全員解雇なんてできやしない（解雇について第3章で解説）。そこで、社長が考えるのが「減給」です。

よくドラマや映画などで「お前なんか、来月から減給だ！」とか言って社員の給与を一方的に下げる命令をするシーンなどがありますが、現実的には理由のない減給は「不利益変更」といって、法律で禁止されています。減給が有効なのは次のとおりです。

▼減給が有効なケースとは？

（1）社員との合意がある
（2）規律違反、問題行動による処分
（3）評価制度にともなった降格、減給
（4）会社都合の減給

（1）はそのまま。社員と合意があれば減給できます。

（2）は無断欠勤だとか、問題行動があった場合の減給。ただし、就業規則が整備されていない場合などは無効になりますし、就業規則に定めたからといって、何でも許されるわけではありません。

（3）評価制度も同じ。人事評価を行って評価が下がったから減給、という流れなのですが、これも合理性がなければその減給は違法です。

（4）は、経営が悪化したためにやむなく減給をするというパターン。いずれにせよ、減給って簡単にできないものなのです。ただし、違法な減給だからといって反論したとしても、会社が一方的に決めてしまうこともあります。その違法性を争うためには、最終的には裁判など法的手段に訴えるしかなく、社員としては弱い立場にあるといえます。

しかしながら、減給にはいろんな方法があります。

基本給である月給を減らすことは難しいのですが、例えば賞与はちょっと性質が異なります。就業規則上で、「〇ヶ月分の給与を賞与として支給する」などと決めていても、法律上賞与の不支給、減額は適法です。なので、まずはこのあたりから始まります。

ほかの減給方法ですが、例えば残業の禁止が行われたり、あるいは会社の休業日が増えたりというやり方もあります。

ちなみに例外はありますが、よくある「住宅手当」とか「資格手当」みたいなのは立派な給与なので、社員の同意なしでは勝手に外せません。一方的に外されたらそれは違法な減給になります。

だから「みんな頑張ろう」なのです。会社は厳しい。でも、これを乗り切ればきっと明るい未来が待っている。「だから、いまは減給に耐えよう！」と同意を取りにくるわけです。「決起集会」なるものも増えたりします。

もちろん、社員として本当に社長に同意し、可能性に賭けてもいいなら同意するのもひとつの選択。でも、その場合でも社長の役員報酬もちゃんと減給されているかどうかは、チェックしておいたほうがいいかと思いますけどね。

なお、給与が支払われなくなったら、それは完全にアウトです。本章の最後で解説します。

いままでになかった社長個人からの出金が始まる

なかなか規模が大きい会社だとありえませんが、中小企業ならありえます。一番わかりやすい社長個人からの入金は、役員報酬からの返還です。会社にお金がなくなってきたら、当然経営はできません。そこで、なんとかするために個人のお金を会社に入れます。

これを「役員貸付金」と呼びますが、社長個人の入金が始まったら、いよいよ会社にお金がなくなってきたということです。

さらに、個人のお金もなくなると、役員報酬の自転車操業みたいなものがはじまります。例えば、原則として役員報酬の額はその期中には変更ができません。

本来は、役員報酬を減額して、少しでも会社に残したいということなのですが、それができないので、いったん役員報酬を自分の口座に振り込んで、会社に戻すということが始まります。自分の口座に給与を入れて、また戻す。

客観的に見るとちょっと滑稽ですが、当の本人はいたって真面目。ただ、これをするということはジリ貧状態なわけで、ちょっともうどうかな……という感じ。これらの記録は決算書にバッチリ掲載されます。

ですから、金融機関なんかにもこの厳しい状況がバレてしまうわけです。そして金融機関からも借りられなくなる。そうすると、次の借り入れに手を出します。

ノンバンク、ビジネスローンに手を付ける

企業の借り入れ先は、基本的には金融機関。銀行や信用金庫などです。

なぜ、こういったところから借りるかといえば、金利が比較的安いから。中小企業向けの融資で日本政策金融公庫なら、ざっくりいうと二〜三％くらい。銀行は二〜九％ほど。

一〇〇〇万円借りたら、二〇万円から三〇万円くらいと考えると、それほど大きな負担には感じません。だから、社長はできればこうした金融機関から借りたいわけですね。

でも、赤字決算になり、いよいよ金融機関から借りられなくなったら、もう借りるところはないかというと、そういうわけでもありません。

ここで出てくる借り入れ候補が、「ノンバンク」や「ビジネスローン」と言われるもの。

ノンバンクとは、銀行のように預金の預け入れを行わない金融機関です。「クレジットカード会社」、「信販会社」、「消費者金融業者」などが代表的なノンバンクになります。

ビジネスローンは、「事業資金に特化した金融商品」です。まあ、単純にいえば、「金融機関でないお金を貸してくれるところ」と思っておけばいいでしょう。

いいところを挙げれば、保証人不要、担保不要で即日借りられるという特徴を持つことが多いといえます。

これに対して、銀行や信用金庫なんかは時間はかかるわ、担保や連帯保証人が必要だわで、借りやすさでいえば、ノンバンクやビジネスローンが圧倒的に上。

もちろんこんな特徴があるのに、みんな銀行や信用金庫から借りたがるのは、ノンバン

クやビジネスローンは圧倒的に金利が高いからです。

ノンバンクやビジネスローンの金利は、安くても一〇％前後。高いところになると一八％にもなります。

一〇〇〇万円の借り入れなら、一八〇万円が金利。ここまで来ると決して安くはありません。

また、金融機関からの融資のように何千万円と借りられるわけではなく、借りられる金額には限度があります。そして言うまでもなく、何度も借りられるわけでもありません。

加えていえば、ノンバンクやビジネスローンから借りると、今度は金融機関からの評価も下がります。

「オイオイ、こんなところから借りなきゃいけないくらい、経営ヤバいのかよ……」ということです。

最後の資金で一発逆転できるか？　こればかりは社長の力量次第ですが、やっぱりちょっとここまで来ると、もう暗い未来が見えてきてしまいますね。

会社の預金残高が一月分の月商を割る

ビジネスの世界では、「会社の預金残高は、月商の三ヶ月分必要」という格言のような指針のような言葉があります。

ただ、これはちょっと信憑《しんぴょう》性に欠けた言葉で、例えば仕入れが多い業種であれば、月商三ヶ月では心許ないですし、コンサルタントのような仕入れがほとんどない業種であれば、月商三ヶ月分の現金がなくても回ることはあります。

そういう意味では、どのくらい現預金があれば会社が潰れないかという指標を出すのはなかなか困難です。

現預金の残りを気にし始めた時点で、もうだいぶ厳しくなっているといえます。

もちろん、追加融資など延命策はありますが、結局のところ会社はお金がなければ回りませんので、社長から「お金がない」という言葉が出てきたらアウトに近いといえるでしょう。

なので、逆の指標をいうならば、

- 金融機関からの借り入れが複数あり、豊富な借り入れをしている
- 生命保険、小規模企業共済、倒産防止共済、各種株式など現金に変えられる金融資産を社長が持っている
- 投資用の不動産を所有している

などがあれば、仮に現金が少なくなってきても、挽回策が残っているといえるでしょう。

《危険度★★★》

謎の決算書が出てくる、突然業績が良い決算書・試算表が出てくる

いよいよ終わりが見えてくる危険度星三つ。解説を続けていきましょう。

基本的に、決算書はひとつの会社につき一種類しかありません。そう、基本的には。でも、借り入れのところで解説したとおり、金融機関は原則として決算書で融資の可否を判断します。ですから、社長は最後に手を付けてしまうわけです。決算書の「偽造」に。いわゆる粉飾決算というヤツですね。

いまもいるのかもしれませんが、大昔はあけっぴろげに決算書を複数つくっている中小企業がままあって、「これは銀行用」「こっちは税務申告用」みたいなズルをしていた社長も結構いたんだとか（ズルというか完全な違法行為です）。

金融機関には、当然良い業績の決算書を提出して融資を引っ張る。例えば、売上の架空計上とかですね。ありもしない売上をでっち上げるやり方。

一方で、そのまま好調な決算書で税務申告してしまえば、税金もたんまり取られる。だから、申告用には赤字決算か収支とんとんの決算書を出して、納税を免れる……なんて脱法行為を行っていた社長がいたんだとか。

当然、税務調査が入れば一発アウトです。違法行為ですから、これは救いようがありま

せん。

そういうわけで、ずっと赤字決算が続いていたのに、急に黒字決算。つまり突然業績の良い決算書が出てくると金融機関の担当者は疑うそうです。「あの赤字企業が、突然業績良くなるか…？」って。もしかしたら、それは粉飾決算なのかもしれません。

督促の通知、内容証明郵便が届き始める

さあ、いよいよ末期の話。

支払いが滞れば、当然督促がきます。最初はメール、電話。次に郵便。社長あての「親展」なんて書いてある封書が届きはじめると、雲行きは怪しい。ここまで来ると、あらゆるものの支払いが滞ってきているはずです。

家賃、外注費、各種の保険料、税金etc……最初は相手もそこまで強烈なことをしてこない。でも、支払いがまったく行われなかったり、あるいは電話に出ない、メールの返事もしないなど不誠実な対応をしたりしていると、当然相手は次の手を考えます。それが、内容証明郵便です。

これが届くとなると、相手は臨戦態勢。金額によっては裁判も辞さないというスタンスになってきています。ここでよく聞く「内容証明郵便」についてちょっとだけ。

▼よく聞く「内容証明郵便」って？

内容証明郵便とは、いつ、誰から誰あてに、どのような文書が差し出されたのか郵便局がそれを証明してくれる制度です。ただし、内容の真偽についてまで証明してくれるわけではなく、あくまでも「いつ」「誰から誰あて」「内容」についての証明になります。

法律実務の世界だと、おおよそ「本気を示すもの」「法的に戦う意思があること」「裁判だってやってやるぜ」みたいな、確固たる意思表示をする場合に使います。戦闘開始の合図みたいなものですね。

ほかにも、例えば時効の中断なんかにも使ったりします。損害賠償請求の時効は三年となっていて、それを過ぎるともう時効成立で請求することができなくなります。確定的に時効を中断させるためには、訴訟などを起こす必要があるのですが、内容証明郵便を送るとこの時効を六ヶ月遅らせることができます。こういう使い方もあるんですね。

ちなみに、内容証明郵便は郵便なので、相手の住所がわからないと送ることができません。ですから、失踪されると送りようがないってことになります。

内容証明郵便は、こういう雰囲気と性質を持つ郵便です。そのため、内容証明郵便が届き始めたら、「支払いができていない」「裁判等法的手続きにまで発展する可能性を持っている」ということになります。

ちなみに、内容証明郵便が届いたからといって、必ず裁判になるかといえば、そんなことはありません。裁判となれば、弁護士費用なんかもかかりますし、ある程度まとまった金額の債権を持っていない限り、裁判をしても費用倒れになります。

そのため、「ある程度もう諦めているけど、最後の一手」として内容証明郵便を打つこともあります。

ざっくり言うと、日本の法律だといくら代金を支払ってもらう権利を持っていても、無理やりってのは許されていないんです。法律的な手続きを踏まないといけない。だから「無い袖は振れない」とは言いますが、こうした金銭債権は無視しちゃう社長もいます。

そして結局、裁判を起して勝訴し、代金支払い命令が出たとしても、お金がないなら支払えない。だから、小口債権の場合、相手側が泣き寝入りってことも多いんです。なんだかなぁと思いますよね。

社長が消費者金融やキャッシングに手を付ける

金融機関からの借り入れも不可能となり、ノンバンクやビジネスローンもダメとなれば、最後は社長個人が借金をするしかありません。いわゆる消費者金融やキャッシングの類です。

ここまで来ていたら、なかなか挽回は厳しい。各種の支払いが滞り、会社の現預金もなくなり、最後の手段としての個人借り入れなわけですが、目的もわからなくなってきているのがこの段階です。

果たして、会社の再建のために最後の金策をしているのか。それとも、自分の生活費のため？　あるいは、最後の最後の逃走資金の確保なのか……。

いずれにせよ、これは最終段階のシグナルです。なお、社長個人が消費者金融からの借り入れやキャッシングがあると、金融機関からの評価は下がります。ですから、個人借り入れをするということは、金融機関からの融資を捨てると同義です。

残念ながら、八方塞がりといえるのではないでしょうか。

給料が支払われなくなったら終焉のとき

お金編の最終シグナルは、「給与遅配」です。

お金がなくなったら会社は終わりなわけですが、なんとか倒産を食い止めるためには、社長ひとりの力ではどうにもなりません。社員の力が必要です。

ですから、事業再生の現場では意外と減給や解雇などの社員に対する施策は最後になってきます。人がいなければ、事業は成立しませんからね。いうなれば、人材は売上を生み出す要素なわけです。

ということは、社員には頑張って働いてもらって、売上をつくってもらわなければならない。そのためには、給与を支払う必要がある。でも、その給与さえ支払うことができなくなれば、社員も働き続けることはできず、もう会社は稼働できなくなります。

物語の世界では、社員が「社長！　給料返上で最後まで頑張りましょう！」みたいな大円団でハッピーエンドということもありますが、現実社会では給料がなければ生活はできませんし、やはり綺麗事だけでは暮らしていけません。

社員が働かなくなれば、終わり。給与の遅配が、お金編のバッドエンドです。

第3章　潰れる会社のシグナル〈組織編〉

潰れそうな会社のシグナル、最後は「組織編」です。

社長の変化やお金の変化は比較的見えやすいですが、組織の崩壊っていうのはちょっと見えにくい。そんな中でもできるだけ察知しやすいシグナルをまとめました。

もちろん、これがすべてではありませんが、もしかしたらもう身近にそういう兆しが見えているかもしれません。そういうわけで、潰れそうな会社のシグナル、「組織編」です。

《危険度★》

会社にビリヤードがあると潰れるって本当?

まずは軽めの話。

「会社にビリヤードがあると潰れる」みたいな話が都市伝説のようにあります。「社員同士が仲良く、仕事だけじゃなくて楽しめる職場」で、かつ「成功している会社」の象徴かのようにいわれるのがビリヤード。

なぜ、卓球でもなくゲームセンターの筐体でもなく、ビリヤードなのかはわかりませんが、ともかくかつてはよくいわれました。「新築の本社」や「豪華絢爛な受付と美人受付嬢」なども、この手の話題ですね。

これは、「会社のお金を無駄に使っている」とか、「会社は遊ぶところではない」みたいなところから来ていると思うのですが、案外こういう社長の趣味がオフィスに反映されている会社ってあるものです。

そして、それが潰れる会社のシグナルかといえば、まあまったく断言できません。例えば、社長のサーフィン好きが高じすぎて会社にサーフボードを置いている会社もあれば、同じく趣味の楽器だらけの会社もあるわけで。それイコール危ない会社とは言い切れません。世界的に有名な企業のパタゴニアとかにもサーフボード置き場がありますしね。

結果として民事再生の憂き目となってしまいましたが、こうした福利厚生で有名だった企業にワイキューブという会社があります。

創業者の安田《やすだ》佳生《よしお》氏自身が『私、社長ではなくなりました。』（プレジデント社）で書いているように、ワイキューブは社員のモチベーション向上のため、社内にカフェやワインセラーをつくっていました。

そうした費用が会社経営を圧迫したのではないかという声もあったようですが、こうしたオフィスのおかげでメディア露出は増え、結果として投資額以上に会社のＰＲ効果があったと記しています。

要は、なんのためにそれがあるのか、というのが本質です。度を越えないというのが大前提ですが、例えばオフィスデザインに社長の嗜好が反映されるのは別に問題ないでしょう。

ただ、ひとつ気を付けたいのが、新築の本社や過剰なオフィスデザインが「社長の見栄」からきているかどうか。見栄からきていたら、度を越えていきますので注意が必要です。

なぜ、理念のない会社は危ないのか？

私は個人的に、会社の理念は極めて重要なものだと考えています。もちろん、理念があれば会社が儲かるわけではないですし、理念がなかったから潰れるというわけでもありません。

それでもなお、「理念のある会社は潰れにくく、理念のない会社は危うい」と考えています。逆の例から考えてみることにしましょう。

例えば、儲かっている会社がある。なぜ、その商品を扱っているかを聞くと「儲かるから」と社長は言う。社員の給与水準も高い。

こういう会社に勤めたい社員は、お金が目的。もちろん、それ自身は悪いとは思いません。お金、大事ですから。

でも、その会社の業績が低迷し、給与水準が下がることになったらどうでしょう。あるいは、その会社を遥かに超える好条件の会社が別にあったらどうでしょう。おそらく、給与が目的なら、条件の良い会社に乗り換えるはずです。それも、いとも簡単に。

なぜ、簡単に転職できてしまうのか。それは、その会社で働く理由が金銭面の条件でしかないからです。

この仕事を通じて、なにを実現するのか。どんな社会貢献をするのか。社長も、儲かるだけではモチベは続きません。だって儲かれば儲かるほど税金は高くなりますからね。額面一億円の役員報酬を設定したとき、その約半分は税金です。お金だけでやる気出ます？　なかなかそうもいかないんです。

様々な意見や見方がありますが、理念のひとつの効用は「その会社で働く理由ができる」というもの。案外、こういうのって大事なんです。まあ、抽象的な話なのでこのくらいで。

二つだけ補足。

なぜ、「理念のある会社は潰れにくく」と言って「潰れない」と断言しないのかというと、理念があってもかたちだけのことがあるから。使命のような本物の理念を持っている社長って、なかなか会社を潰さないですよ。

もうひとつ。

社長に聞いてみてください。「なんのためにこの会社をやっているんですか？」って。これに歯切れよく回答できれば少し安心。なかったり、「単に儲かるから」だけだとちょっと危ういな……と私は考えちゃいます。

お金が基準なら、いざというときはあっさり社員を切っちゃうかもしれませんしね。社長の「想い」については最後の第８章で。

社長が講演業をはじめると、組織は崩壊する

これは第1章で解説したので簡単に。社長が講演業を始めると、それはひとつの危険なシグナルとお伝えしましたが、組織にも影響が出ます。

本業でない講演業をしているわけですから、社長不在の時間が増えます。意思決定までにかかる時間も増えていきます。そして、現場を離れてしまうので、業種業界的な勘も鈍ります。

講演業でチヤホヤされている社長は、調子に乗りがちです。

褒められているもんだから、自己承認欲求も増長しています。「いやぁ講演は疲れるなぁ」「また講演で呼ばれちゃったよ」。社長は仕事しているつもりなのでしょうけど、社員は当然白け顔。

だって、社長の講演業なんて半分旅行でサボっているみたいなもんですから。お土産ごときでは社員はごまかされません。信頼は徐々に失墜していきます。

もっとも、講演業そのものを否定するわけではありません。経営者としてのブランド価値も高まりますし、ＰＲにもなります。要は、社員にきちんと説明責任を果たさず、旅行のように見えてしまうと、危険ということです。

会議に不要な人材が集まってくる

会議はもともと必要なものです。

企画会議、営業会議、戦略会議……いまはオンラインツールも充実していますので、必ずしも一堂に会する必要があるわけではありませんが、この会議に「オブザーバー」や「顧問」とか「相談役」とか参加者が増えてくるとちょっと心配です。

なぜなら、会議で様々な意思決定がされることは重要ですが、それに必要のない社員が参加しているということは、その社員は利益に直結するような仕事をしていないことになるから。会議ばかり、会議だらけの会社は営業ができてないという見方もできます。

はたまた、すでに経営から降りた前会長が会社に来たから会議に参加してもらって、ありがたい助言をいただく。前会長が参加するからには、会社の主要人物は集めなきゃならない。さらに前会長が来たからには、会議のあと一席設けないと……というのも、本末転倒。

要は、なんのための会議なのか。会議のための会議になっていないか。軽目のシグナルですけど、そりゃ会議ばっかりやっていたら、何も進まないですよねってことです。

社員のＳＮＳに無頓着な会社は危険

これも全部が全部統制できるかといえば難しいのですが、社員のＳＮＳに関して無頓着、無関心なのはちょっと怖いかなと考えます。

いまや一夜にして炎上し、倒産にまで陥ってしまう時代です。以前に話題となった「バイトテロ」など、社員のＳＮＳ運用によって会社経営に回復不可能なダメージを負ってしまう可能性があるわけで、少なくとも秘密保持契約や仕事中のスマホ利用などには一定の制限をかけておくべきです。

最近では、SNSで自ら情報発信する社長も少なくありません。第1章で解説したとおり、見栄や承認欲求からくる投稿などは、経営者のSNS投稿の特徴ですが、社長にせよ社員にせよ、多くの場合「見られている感覚」が欠如していることが炎上や低評価の要因です。

仮にフォロワー数が多くなかったとしても、そこはオープンなインターネットの場。Facebook のようなクローズドなSNSでも、いまはスクショを撮られて Twitter で拡散なんていうのも当たり前で、中にはLINEのやりとりやSNSのDMのやりとりまで公開されてしまう時代。

そういう意味では、小さなことにもスキのない会社が潰れにくく、情報発信に楽観的な会社は危険ということになるでしょう。

株価、レビュー、社長個人の評判にも要注意

このトピックはどこに入れようか悩んだのですが、社員からも見えるということで本章で。わかりやすい指標ともいえますが、上場企業なら株価の低迷は普通に倒産に繋がる可能性があります。

特に、株価と給与の関係は注意が必要。例えば、株価が低迷していても、順調にベース

アップで給料が上がるのであれば、株価低迷は一時的なもの。

これに対して、株価の低迷と相まって、賞与がカットされるなど、下方に連動する場合には危険なシグナルといえます。

様々なカスタマーレビューもひとつの指標です。

最近は本当にレビューで購入や来店を決める顧客は多く、「実際に買ってもらえれば、良さがわかる」「うちの味は、レビューできるような浅い味じゃない。食べればわかる」と豪語していても、潜在顧客がレビューで決めるわけですから、放置することはできません。

ですから、低評価レビューの増加は怖いシグナルです。まあ、中には「この治療院の先生の怪我の処置は良かったのですが、態度が冷たくて最低でした。星☆★★★★」みたいなレビューもあるので、難しいといえば難しいのですが……。

それから、社長個人のネット上の評判にも注意。どこで炎上するかわからない時代です。検索エンジンで社長の名前を入れると、検索サジェストに「評判」とか「評価」とか出るのは評判を調べられている証拠。ひどいのになると検索サジェストに「詐欺」とか出てきますので、このあたりもチェックしてみましょう。

雰囲気が悪くなる——意外と重要な「空気」——

「挨拶《あいさつ》がない」とか、「飲み会の参加率が悪くなった」とか、ほかには妙に社員がよそよそしいとか、こういう「空気」とか「雰囲気」とかってありますよね。

具体的に数字的な損失が出ているわけではない。でも、なんかこう「しっくりこない」ような状況。こういう空気って、実はすごく大事なんです。

例えば、ある中小企業の経営者が、こんなテストをしてみたそうです。二日間、社長として仕事はするけど、常に不機嫌な顔をする。余計な私語はしない。笑わない。明るい話題もない。そんな状況を社長自らあえてつくってみたんだとか。

そうすると社内はどうなったか。それまで元気に交わされていた挨拶が減少し、朗らかに冗談を言い合ってた社員同士も黙り出す。そして、明らかに「空気」が悪くなる。

だから、本当にちょっとした挨拶、会話、話しやすさなどの雰囲気は重要なのです。ちなみに、この社長はテストでやったのですが、あまりにも社内の空気が悪くなってしまって、元に戻すのが大変だったんだとか。

社内の雰囲気や、空気というのは「成功循環モデル」というもので説明ができます。ちょっと見てみましょう。

▼成功循環モデルって？

「成功の循環（Theory of Success）」は、ＭＩＴ組織学習センター共同創始者のダニエル・キム氏によって、提唱されたモデルです。これを一般的には「成功循環モデ

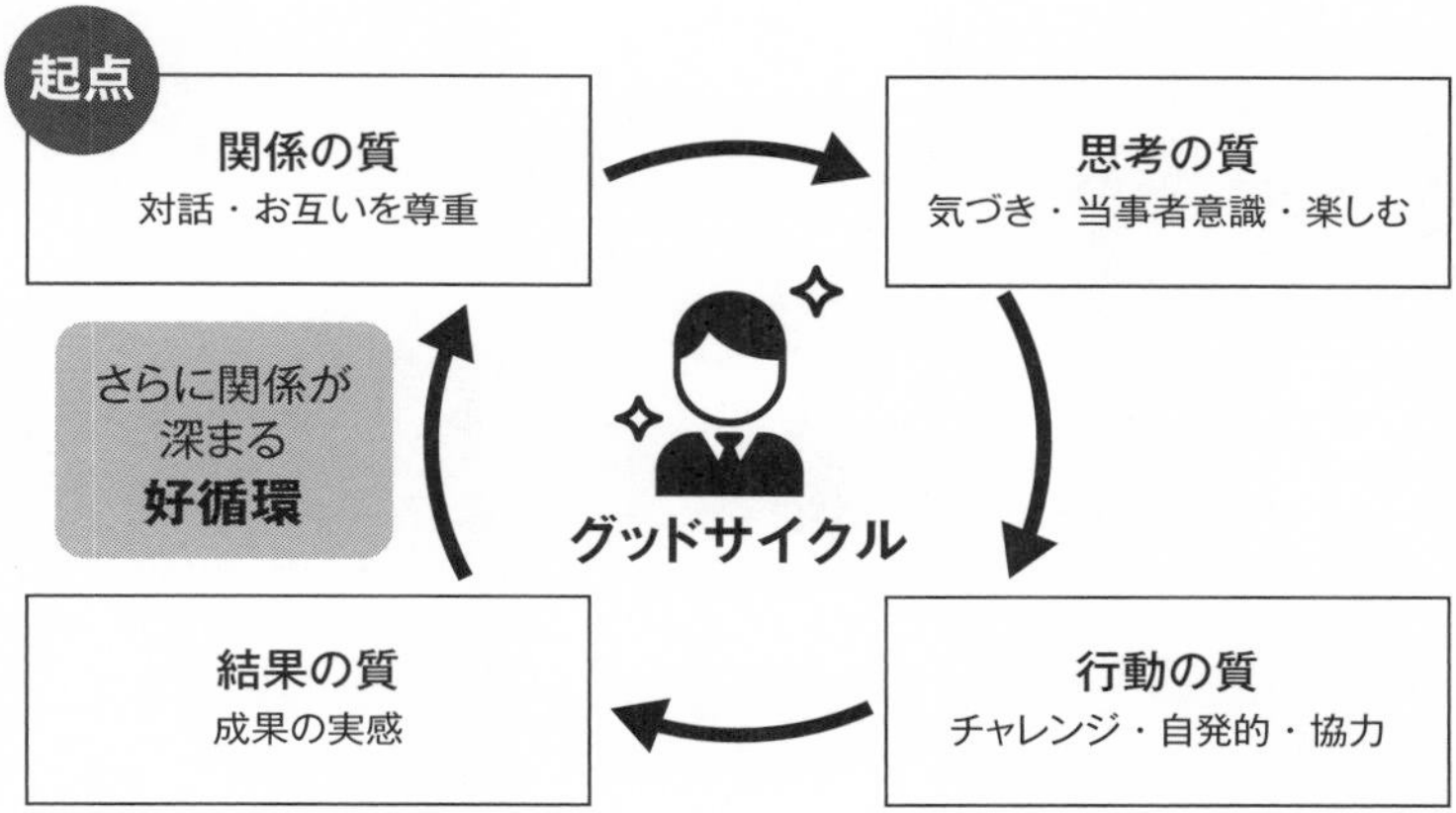
起点
関係の質
対話・お互いを尊重
思考の質
気づき・当事者意識・楽しむ
さらに関係が
深まる
好循環
グッドサイクル
結果の質
成果の実感
行動の質
チャレンジ・自発的・協力

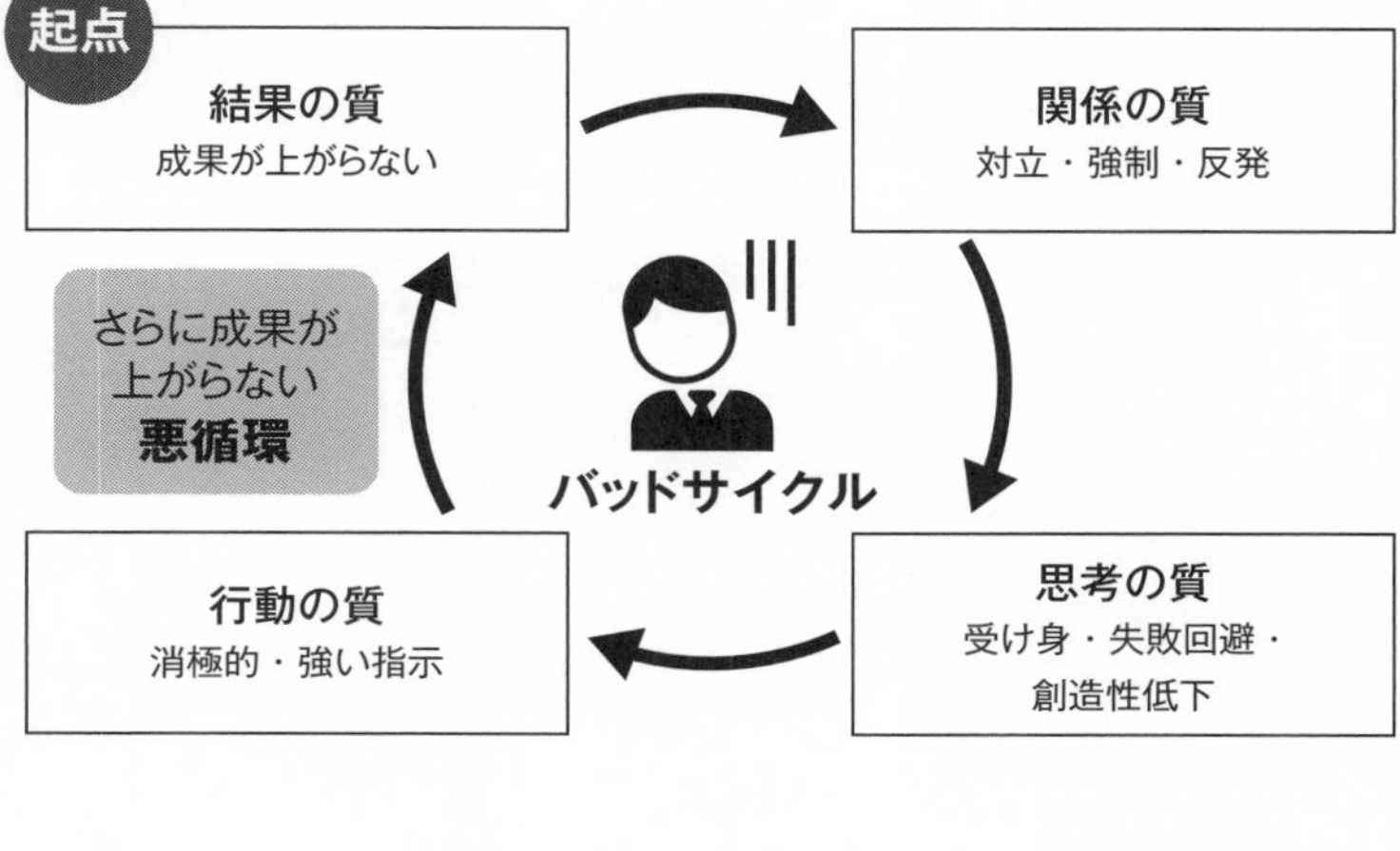
起点
結果の質
成果が上がらない
関係の質
対立・強制・反発
さらに成果が
上がらない
悪循環
バッドサイクル
行動の質
消極的・強い指示
思考の質
受け身・失敗回避・
創造性低下

ル」と呼びます。より良い組織を生み出すためのフレームといわれているものです。

成果を出すためのサイクルを二種類に分類しており、「グッドサイクル」と「バッドサイクル」と呼ばれます。これは図解で見てみましょう（１０５ページ）。

グッドサイクルは、結果よりも人間関係の構築を優先します。信頼関係があるから、アイディアが出る、自信を持って行動できる。そしてそれが結果に結びつく。

これに対しバッドサイクルは、まず結果を求める。結果が出ればよいのですが、結果が出ないと対立や押しつけ、あるいは「犯人探し」のようなことが起こる。結果、面白くないし信頼関係も構築できない。人間関係も悪化する。こういう仕組みです。


端的に言うと、人間関係のいい会社は潰れにくく、結果重視で人間関係を重視しない会社は崩壊しやすいってことになります。成果主義、歩合制、フルコミッションなど、競争や結果重視の方針が功を奏することもあります。

しかし、会社の強さの指標のひとつを「組織力」と捉えれば、人間関係を重視しない会社は潰れやすいといえるのではないでしょうか。

《危険度★★》

ウェブサイトが更新されなくなったら、何かが起きている

これも平常時との変化のひとつですね。いつもは更新されている会社のウェブサイトが、更新されなくなる。毎日発信のあったＳＮＳでの投稿がピタッと止まる。メルマガやＬＩＮＥが配信されなくなる。こういうのは、何かが起きている証拠です。

もちろん、マーケティングの方針が変わった可能性はあります。

ただ、好調な会社ってやっぱり情報発信するんです。新しい商品の発表や、新規イベントの開催。会社が好調なときは、様々な情報発信に反響があるため、社長も広報担当者も率先して情報発信したい。

だからこそ、ウェブサイトやＳＮＳの更新頻度の変化はひとつの指標となります。まあ、もともとまったく更新しない会社もありますけど。

なお、突然役員に関する変更のお知らせがあったり、それらの更新情報がたびたび行われたりするとなれば、これは確実にお家騒動的なものが起きてます。社長や役員の変更は、公式情報なので載せる企業も多いですからね。

急激な成長と人材不足、そして過剰在庫

会社が伸びているからといって、安心とはいえません。

例えば、売上を急激に伸ばすと人材不足や人材の育成が追いつかないことがあります。

人的サービスであれば、大量受注の中で素人の人材ばかりなわけですから大混乱です。

製品を受注して生産する場合も同じ。受注を取っても生産量が間に合わなければ、契約

が続かないかもしれません。

あるいは、一気に大量受注して製品をつくったものの、キャンセルが相次ぎ、大量在庫を廉価で処分せざるを得ない。そんな例もあります。

いずれにせよ、組織というのはバランスを見ていかないと、こうしたリスクを抑えることができないわけです。

面接のとき「夢を語らせる」会社は危ない？

組織運営というものは、本当に会社それぞれのもので、正解などはありえません。

そんな中でも、「例えば」ということでひとつ。面接のときに、求職者に「夢を語らせる」会社は危ないという話があります。これはなんででしょうか？

「夢を語らせる」というのは、現実的な数値目標のことではなく、抽象的な空想的ないわゆる「夢」です。夢を持つことはとても素敵なことですが、会社経営は数字先行。夢だけでは食べていけません。

壮大な夢だけではなく、現実的なことを言える・できる人材が必要なわけです。夢だけを語る人材は、戦力にならないというわけです。

別の視点でみれば、人事選考のときに人事部だけでなく営業部がきちんと面接や選考に立ち会う会社は現実的ということ。

ちょっと抽象度が高い話ですが、会社のスタンスとしてきちんと数字を追っているか、それともそのあたりが曖昧なのか。そういう話でもあるといえるでしょう。

急なオフィス移転は危険なシグナル？

会社が移転するときは、真実の理由がどのようなものであっても「業務拡大のため、オフィスを移転することになりました」というようなプラスイメージでの通知をします。まあ、社長なら口が裂けても「業務縮小のため、小さなオフィスに移転しました」とは言えないですから、こう言わざるを得ません。もちろん、ただ「移転しました」という通知もあります。

オフィス移転をする理由はいくつかあります。

まずは前掲のような「業務拡大」や「社員増加」のための前向きな移転。これは業績が好調であれば、潰れるどころか伸びる会社のシグナル。

でも、中には「見栄やブランディングのためだけに、身分不相応のオフィスを借りる」ってこともありますので、そこは見極めが要ります。

次はコスト削減。業績が振るわず、ランニングコストを下げるという判断です。と言うと「これは潰れる会社のシグナル……？」と思う人も多いですが、簡単にそうだとも言い切れません。もちろん、会社がヤバいから少しでもコストダウンのために移転するっていうこともあります。

しかし、移転ってお金かかるんです。現預金のない会社は、移転すらできない。

そういう意味では、移転するだけの余力はあるし、都会の豪華絢爛なオフィスに見切りを付けて、会社存続のために少し郊外の質素なオフィスに移転するということは、むしろ今後潰れにくい会社になる可能性すらあります。堅実で賢明な判断です。

最近だと、コロナ禍も相まって在宅勤務、テレワーク、リモートワークなどといって、オフィスを持たずに会社を成立させている例もあります。

時代の流れともいえますが、在宅勤務中心でオフィスを縮小するのであれば、効率の良いコストダウンといえますし、むしろ好材料の移転といえるでしょう。

ちなみに、時代は変わりつつありますが、金融機関は「ちゃんとしたオフィスが存在すること」を信用材料と考えていることがあるので、借り入れを考えた場合には、このあたりの折り合いを考えていく必要があります。

そのほか、オフィス移転で見えるシグナルとしては、例えば「大阪支店ができました」みたいな、別地域拡大などがあります。

これは実際に伸びている証拠になることもあれば、実際訪ねていったら、狭いマンションの一室に支店があって、実際はブランディングのための見せかけだった、みたいなこともあります。

いずれにせよ、オフィスというのは会社の根幹です。安定している会社は、そんなに頻繁にオフィス移転を行いません。そういう意味では、オフィス移転は何かしらの変化を伝えるシグナルであるということに、間違いないといえます。

ハラスメントに対して、誰も何も言わなくなる

パワハラやセクハラなどが蔓延しているのは、言うまでもなく危険なシグナルです。

昭和の時代はある意味容認されていたハラスメントも、いまや絶対に認められない行為となり、二〇二〇年にはパワハラ防止法という法律がつくられるまでになりました。

まあ、法律で規制しないとハラスメントがなくならないというのも、なんだか切ない時代になったなぁと感じますが……。

そんなハラスメントですが、存在すること自体も危険なシグナル。しかし、そのハラスメント行為が放置されている状態はもっと危険な兆候です。ハラスメントをなくそうとするということは、会社を改善しようとすること。

一方で、ハラスメント行為に何も言わなくなる、放置するというのは諦めの状態です。社長が対策を講じなければ、もう自分の組織はどうなってもいいと考えているのかもしれない。社員からも改善策が出ないのあれば、もうみんな辞める気なのかもしれない。

クラスの中でのいじめを無視して、教師生徒含めてなかったことにすることの末路はいわずもがな。ハラスメント行為をなんとか止めたい、防ぎたい、そういう意気のない組織は、崩壊に向かっているのかもしれません。

同じ社長の法人が増えていく

それなりに会社規模が大きくなると、ひとつの事業を切り離して法人化する。あるいは子会社化する。そしてグループ経営になる……というのは、順調な会社の増え方です。

代表取締役も、もともとの事業部長が務めたり、若い世代の社員を抜擢したりなど、その顔ぶれも基本的にバラバラになります。

ちょっと注意したいのが、社長が自身を代表取締役にした会社を多数設立するときです。よく、「複数企業を経営している」とか言う社長がいますが、きちんと経営を任せられる幹部がいて、かたちだけ代表取締役の体を取っているのであれば、問題ありません。

でも、そういった幹部が存在せず、自分が社長で実態があるのかないのかわからない法人が増えていく……というのはちょっと不自然です。

基本的に経営であっても、節税であっても一社のほうが簡単で集中できます。なぜ、別法人でやるのか、ということです。

例えば、こんな可能性があります。

自分で複数の会社をつくって、利益と赤字を別法人で相殺するなんて節税は、脱法行為です。税務調査が入れば一発アウトですから、社長が複数法人をつくってわけのわからないことを始めているとちょっと心配です。

あとは、「シナジー効果がある」とか言って、ユニークな起業家を見つけるとすぐにその人と法人をつくってしまう社長もいます。

相乗効果があればいいですが、事業が上手くいかなければ、その法人は存在しないのと同じです。

あるいは、愛人を養うため形式的にその愛人を別法人の経営者にして、自社と取り引きしているなんてこともあります。愛のマネーロンダリングってとこでしょうか（たぶん違う）。

中には、不動産投資のためだけの会社設立とか、完全にブランディングに振り切ったかたちだけの法人設立などをして、本業の会社に悪影響のない場合もありますが、社長が実態のよくわからない法人を複数持っているというのは、何が起こるかわからないわけで、これは不安要素だといえます。

なお、売上ゼロ円の会社でも、決算申告はしなければなりません。

売上がなくても均等割といって、どんなに会社規模が小さくても年額七万円を税金として収めなければなりません。そして、会社が多ければ多いほど、税理士にかかる費用はかさんでいきます。

身も蓋もない言い方になっちゃいますし、経験則ですけど、実態がわからない会社を複数持っている社長は、裏があることが多いです。説明できない会社を複数持っている場合は、気を付けましょう。

一貫性のないM&Aがはじまる、増える

いまは、過去最高にM&Aがしやすい時代だといえます。

M&Aのマッチングサイトや、そのディレクションをする企業も増えましたし、一二七万社が後継者不在で廃業になってしまうといういわゆる事業承継問題としての「二〇二五年問題」というのも背景にあります。

M&Aは、効率のいい業績拡大法です。

ゼロからつくるのではなく、すでに商品やサービス、そして顧客も社員もいる会社を手に入れるわけですから、とにかく早いわけです。

世界的に有名なM&Aとしては、GoogleがYouTubeを買収したとか、ソフトバンクがLINEを買収したなんて例があります。一般的に、自社のサービスやプロダクトと相性がいい買収は、相乗効果を生みます。

これに対して、単純に売上だけを追求してM&Aを繰り返していく場合は、業績に悪影響を与える場合があります。

近年で有名なこの手のM&Aは、パーソナルトレーニングジムで急成長したRIZAPグループでしょう。

二〇二二年の時点で買収した企業はなんと八〇社以上。ところが、フリーペーパー発行会社や新聞社。住宅販売会社や雑貨店、はてにはサッカー運営会社まで買収しています。

もちろん、きちんとした意図があっての買収なのでしょうが、買収した企業とのシナジ

ー効果も薄く、経営も改善されないため、二〇一九年三月には一九三億円の赤字を発表。Ｍ＆Ａが逆効果になってしまった例といえます。

とはいえ、コロナ禍でも営業黒字を確保したりするなど、なんとか踏ん張りは見せているようです。

経営は一時期の浮き沈みで判断するものではなく、今後の行く末を見守るしかありませんが、一貫性のないＭ＆Ａや、無理な企業買収は危険なシグナルだといえるでしょう。

社内イベントの参加率が下がる

これは断言してもいいですが、社員旅行、飲み会、ＢＢＱなど、各種の社内イベントは、会社の業績と雰囲気がいいときには参加率が高まり、そうでない場合は参加率が下がります。ですから、徐々に社内イベントが閑散としてきた場合には、危険なシグナルだといえます。

いいときは、いい方向にいくものです。

業績がよく、「社員全員で社員旅行だ、それも海外だ」なんていうのに、社員は歓喜します。友人や家族にも自慢できます。業績がよければ給与などの待遇もよくなりますし、いいこと尽くしです。そして、参加率が高いということは、社内の人間関係も良好といえるでしょう。

一方で、同じように社内イベントを開催していた会社でも、業績が悪化すればこうした社内イベントは徐々に寂しくなっていくものです。

社員旅行は海外から国内へ。飲み会は高級レストランから居酒屋へ……。そうなってくると社員も感じるわけです。「だんだん、グレードが下がってきているけど、うちの会社大丈夫かなぁ」と。

こうなると、イベントそのものも盛り上がらなくなり、社員のためにと社長が企画したイベントも「そんなお金あるんだったら、給料上げろよな」と思われてしまうようになります。

つまり、社内イベントの参加率は、人間関係と会社の業績の指標ということができ、高ければ良好、低ければ低調、危険に近づくということになります。

もっとも、社内イベントをやらない会社もありますので、一概にはいえませんが、これまでずっと社内イベントを開催してきている会社では、社内イベントの参加率はひとつの指標といえるでしょう。

それにしても、社長は社員のためと思っていろいろ考えるわけですが、人って慣れるもの。社員旅行が当たり前になれば、今度はグレードを上げてほしいと考えますし、飲み会も次はもっといい店、高いお店となり、グレードが下がれば不平不満。そう考えると、社長って本当に大変ですよね。

《危険度★★★》

中小企業診断士が会社に入ってくる

「現場も知らんくせに」と、中小企業診断士などコンサルタントを嫌う社長って結構います。そんな「コンサル嫌い」の社長のところに、コンサルタントが来るようになったら要注意。金融機関から危険な取引先だと評価されている可能性が高いです。

どういうことかというと、金融機関が取引先企業を不安視、またはリスケの可能性を感じると、その取引先に経営計画書をつくるように指示します。といっても、社長だけでは心許ない。そこで、第三者のコンサルタントを取引先の会社に派遣します。

このとき、取引先が中小企業なら中小企業診断士がそのコンサルタントとして選ばれます。

中小企業庁が提供する「４０５事業」と呼ばれる経営改善計画策定支援という制度や、中小企業活性化協議会を通じた支援などがそれです。こうした制度を使うということは、なかなか厳しい状況にあるといえるでしょう。

このとき、会社に来たコンサルタントや中小企業診断士が「金融機関や制度によって派遣された」のか、そうではなく社長自身が呼んだのかでその深刻さがわかるということですね。

突然、コンサル嫌いだった社長のもとに、コンサルタントがいたら要注意といえるかもしれません。

とはいえ、金融機関が中小企業診断士などの専門家を派遣するということは、まだ金融機関が再建を諦めてない証拠でもあります。こういうの、金融機関にとっても面倒ですからね。つまり、こうした専門家派遣もされないような取引先は……もう言わなくてもわかりますよね。

社内で横領などの事件が起こる

これは組織の成熟度というよりは、犯罪行為を行う社員個人の問題といえます。

こうした犯罪行為を社内で発見し、刑事事件になればメディアで報道されることもあるわけで、一気に会社の信用度が地に落ちる可能性があります。でも、本当にこんな犯罪行為を行う社員って、いるんでしょうか。

これは私の経験則と、専門家に取材した肌感覚ですが、刑事事件になっていない横領や暴力事件などは、会社で一定数起きています。

ただ、それが明るみに出ていないだけで、どの会社にも可能性はあります。

例えば、ときに「巨額横領で○億円を着服」とか報道でニュースが流れたりしますが、「いち社員が何億も会社のお金を横領できたりするの?」と疑問に思うのは当然のこと。

実は、小さな会社の社長も、大きな企業の経営者も、あんまり細かい数字は見ていないのです。

例えば、数千万円のお金の動きがあれば、さすがに社長なら気付きます。でも、中小企業なら数万円、十数万円単位。大企業なら数十万円単位のお金の取り引きは日常的。その中に、社員が用意した個人的な別口座にしれっと振り込みがあっても、まず気付かないのです。

そして、こうした小口の横領を何年も続けていきます。そうすると、積みに積み重なって何千、何億という金額になっていくのです。

そして、こうした犯罪行為が個人の行動に起因するため、どんなに信頼できると思っている社員でも、絶対はありません。このあたりは、会社としてはできるだけの防護策を講じたら、あとは社員を信じるしかないわけです。

そして、起きてしまったら、どうリカバリーするか。このあたりを考えているかどうかも、ひとつの指標と言えます。

仮に炎上事件や犯罪行為によって、悪評が広まってしまったとき。大企業であれば記者会見。中小企業であれば、自社サイトやＳＮＳ等で釈明謝罪コメントを掲載するのが常です。このときの対応ひとつで、世の中の評価が分かれます。

とはいえ、こうした準備までしている会社は少ないでしょうから、もう起きてしまったときに考えるしかないのかもしれません。

会議で意見がまったく出なくなる

伸びている会社では、当然会議で前向きな意見が多数出ます。

しかし、組織として「もう、この会社ダメなんじゃないの?」という空気が出始めていたら、意見を出すことは無駄。社員はもう次の会社を探し始めています。

そのため、会議で意見が出なくなるというのも、ひとつのシグナルです。

会社を立て直すことが不可能と考えた社長のベクトルは、なにかのトリガーで再建から清算に向かうという話をしました。社員も同じです。この会社で頑張ろうと思っていれば、何かしらの努力や改善をします。

しかし、トリガーがあるのは社員も同じ。「あ、もうこの会社で続けられない」というきっかけがあれば、いまの仕事は最低限に。そして次の職場のことを考え始めます。そうなれば、会議で意見を言うこともなく、ただ無難に仕事をこなすだけとなります。

社員が辞めることのトリガーは様々です。一般的によくいわれるのが次のようなきっかけや理由。

- 職場の人間関係、誰かに言われたひと言
- 過重労働、休暇の少なさ、QOLの低下
- 給料や待遇の条件面と与えられる仕事のアンバランス
- 仕事をする理由、やりがいのなさ、理念のない事業

・キャリアアップが見えない、評価されない、この会社での未来が見えない
会議でいつも意見を言う人が言わなくなった。いつもと会議の雰囲気が違う。こういうのは、社員が辞めるシグナル。そして、組織崩壊のシグナルでもあります。

社員の話題が「転職」になる

社員が会社の倒産に気付けるかどうか。これは、全体的になんとなく感じていくパターンと、幹部や経理部等、会社の財務関係者以外には箝口令が敷かれ、倒産当日まで知らされないパターンがあります。

比較的大きな企業で民事再生によって再建を目指す場合などに箝口令が敷かれるのは、倒産の噂などによって、取引先や顧客が離れるのを防ぐためです。民事再生なら、申請後も経営を続けますからね。

実際、倒産当日まで知らされないことはあります。当の社員はびっくりですが、そういうことがあるのも「倒産」なのです。

社員が会社の経営が厳しいことに気付くと、自然と身の振り方の話題が増えます。もちろん、経営者や経営幹部に知られないように。

そうすると、スマホやパソコンのウェブブラウザには、転職サイトの履歴が残るようになります。何気なく見えた社員のスマホやパソコンの画面に、転職サイトが見えたら、も

うその社員は転職活動を始めているのかもしれませんね……。

退職勧奨が始まるシグナルと解雇について

「倒産前には、だんだん社員が辞めていって、最後は僕ひとりに……」みたいなことは、意外と倒産の現場では起こりません。

前述のように、人がいなければ会社は成立しないので、社員のリストラが始まるのは、意外や最後の最後。もしくは、最後まで解雇や退職勧奨が行われずに、倒産時に全員解雇。そういうパターンのほうが多いといえます。

不自然に会社の休日を増やし、残業も禁止。ボーナスはカット。こういうのはいうまでもなく倒産のシグナルといえますが、それでも人件費が会社経営を圧迫するのであれば、社員に辞めてもらうしかありません。

ところが、日本の労働法では、社員を解雇するのは極めて難しく、例えば遅刻や欠勤、能力が足りない、仕事ができない程度では解雇できないのです。

一応、解雇の要件については、図表で説明しておきますので、参考までにご覧ください。次ページの図のとおり、基本的に解雇は難しい。そして無理に解雇して、裁判で争われるようになれば、ほぼ会社側は負けることになる。

そこで、体よく「合意退職」してもらいたいわけです。これを一般的に「退職勧奨」と呼びます。自主的に退職してね、ってことです。

普通解雇
従業員が労働力を提供できないケースにおける懲戒でない解雇

有効要件
- ■ 法律が定める解雇制限に該当しないこと
- ■ 客観的に合理的な理由があること
- ■ 解雇に社会通念上の相当性があること
- ■ 就業規則及び労働協約に則した手続きがなされること

就業規則に記載される一般的な解雇理由
- ■ 傷病・健康状態の悪化による労働能力の低下
- ■ 能力不足・成績不良・適格性・協調性の欠如
- ■ 頻繁な遅刻や欠席などによる職務懈怠・勤怠不良
- ■ 職場規律違反・不正行為・業務命令違反

整理解雇
経営不振の打開や経営合理化など企業側の事情による解雇

整理解雇の4要件
- ■ 人員整理の必要性
  人員を削減することが会社の経営上必須であること
- ■ 解雇回避努力
  新規採用停止・昇給賞与減額・配置転換など
  解雇回避措置を行うこと
- ■ 人選の合理性
  恣意的でない公正な基準による選定であり相当性があること
- ■ 手続きの妥当性
  整理方針や手続きなどについて十分な説明や協議を行うこと

この他に会社の秩序を著しく乱した場合の重い処分として「懲戒解雇」と「諭旨解雇」がある

退職勧奨は、あくまで会社から「退職してほしい」というお願いベースのものです。ですから、こうした空気を感じ取っても辞める必要はありません。ちなみに会社は「辞めろ」とは言いません。

これだと解雇になっちゃいますので。だから「このままこの会社で続けるのは厳しいんじゃないかな」とか「他社で働いたほうがあなたのため」みたいな言い方をしてきます。

これは考えどころです。

無理に残っても、もしかしたら会社自体がなくなるかもしれない。粘って会社がなくなる瞬間まで在籍し続けたら、最後は給料がもらえるかどうかも怪しい。それなら、早々に辞めてしまうのもありです。

ただ、最後に粘れるだけ粘るのもひとつ。一応、いまは解雇無効を裁判で争うと、給与の六ヶ月分くらいのお金で和解するのが平均的な和解金額と結果です。

ですから、辞めるつもりがないと伝え、もし自主退職を要求するなら、給料の六ヶ月分を支給してほしいと伝えるのもひとつ。

支給されないなら無理やり在籍し続けるしかありませんが、例えば六ヶ月分が無理でも、三ヶ月分とか交渉の余地はあります。日本の労働法では、このように労働者側がかなり強く守られているのです。

ちなみに、ある経営者の話。

手塩にかけて何年も何百万円もかけて育ててきた社員がいたそうです。でも、その社員は仕事に対する姿勢は悪くないものの、なかなか能力やスキルが伸びず、社長は困っていた。

結果も出せないし、他の社員が結果を出している中、なかなかその人の昇給も難しい。でも、長い目でみればきっとうちの戦力になると思って我慢してきたそうですが、あるときに社長はこう言われたそうです。

「なぜ、私の給料は上がらないんですか？　これって会社の教育制度に問題があるんじゃないですか？　私の能力を発揮できる場をつくるのが社長の仕事なんじゃないですか？」

社長同士ではよくこう言います。「仕事ができない社員ほど権利を主張し、仕事ができる社員ほど義務をきっちり果たす」と。

結局、社長はこの社員に退職を勧めました。和解金の相場である、六ヶ月の退職金を提示して。

ところが、社員は辞める気が一切ないという。仕事もできない。不平不満は多い。でも、辞めるつもりがない。正直、周りの社員にも悪影響が出ていました。「なぜ、あんなに仕事しない人が、給料もらえているの？」と。

そこで、社長はやむなく解雇に踏み切ります。法律上、有効な解雇とはいえませんでしたが、もうこれ意外の手段がない。当然、社員はこれを認めない。

最終的にその社員は、個別労働紛争解決制度を通じて会社に解雇無効を求め、最後は裁判まで起こしてきたのです。

裁判で争われれば、解雇は無効と判断されます。裁判所も和解を勧めますが、社員は六ヶ月程度の和解金では納得できない。それに私が辞めなければならない理由もないと強弁を続けました。

会社が敗訴すれば、社員として戻さなければなりません。そして、こうなった以上、普通は会社に戻れないものですが、この社員は戻るつもりでいる。

最終的に、「では、いくらであれば和解するのか？」と聞いたところ、その社員は「二年分の給料」と回答してきました。もちろん、和解なのであくまでこれは当人同士の合意に基づき、成立するもの。

会社に戻られても困るし、問題が解決しないのも困る。社長は結局、二年分の給料を支払ったそうです。

と、このくらい解雇するのって難しく、ゴネればゴネるほど社員に有利な仕組みになっています。でも、この社長も可哀そうですよね。

せっかく一所懸命育てようと、時間もお金もかけたのに。最後は批判されて、そしてお金までごっそり持っていかれる始末。この社員は、会社から得られた恩恵は、ひとつもなかったのでしょうか？

社長が組織について責任を求めだす

会社の責任は、どのような理由があっても社長自身が取らなければなりません。

たとえ、横領事件を起こした社員が出たとしても、採用したのは会社。仮に採用したのが社長じゃなかったとしても、その責任を取るのは社長です。

つまり、「採用した社長が悪い」ということになります。正直、社長はものごとを自責で考えることができないと務まりません。中には、「雨が降るのも俺のせい。ポストが赤いのも俺のせい」なんて極端な自責の社長もいます。

そんな中、社長が業績や会社の状況について社員に責任を求めだしたら、もうその会社は終わりに向かっているといわざるを得ません。

「お前らがもっと真面目にやらないからだ」「売上がノルマに達していないじゃないか」などなど、会社の体たらくを組織、あるいは社員個人に求め始めたら、だいぶその会社は厳しいでしょう。

だって、結果が出ないのは社員の責任がゼロとは言えないかもしれませんが、そうさせた社長にあるわけで、根本的にはそういう社員を採用した、あるいは採用にゴーサインを出した社長の責任です。

社員は会社のために、場合によっては社長のために働いているんです。もちろん、自分の生活のためっていう意味合いもありますが、なんだかんだ「この人のために、この会社のために」という気持ちがなければ、長くその会社で働いたりしないわけです。

そんな気持ちの社員に「お前が悪い」と言ったら、当然急速に忠誠心は失われます。

そして、最後はこれです。

社長抜きの会議が増える、ナンバー2以下が秘密裏に会議を行いだす

優秀な社員が辞めていく、専務や常務などの重要役員、幹部が辞めていく。これも組織崩壊のシグナルです。そして最後は、「社長抜き」の会議が増えていきます。

もうこの会社はダメだ。次のことを考えなければ。そういう会議が行われるようになります。社長は「あいつらもやっと、やる気になってきたか」と会議を遠くから恍惚の表情で眺めているかもしれません。でも、実際はもう会社のことなんて考えていないのです。場合によっては、ナンバー2以下が顧客を全部持って別会社を立ち上げてしまうなんて結末も見てきました。

ひとりになった社長は何もできず。ひとりではお茶の入れ方もわかりませんし、もしかしたらSNSの投稿ひとつすらできないかもしれません。社長以外の社員がいなくなってしまったら、言うまでもなくバッドエンドを迎えます。

以上、三つに分けて倒産しそうな会社のシグナルについて解説してきました。

細かい兆候まで挙げればもっともっとあるのですが、代表的なシグナルはこのような感じ。では、この先は会社が倒産してしまったらどうなるか。倒産ってなんとか防げないのかという話をしていこうと思います。

第4章　倒産にはいくつかの種類がある

そもそも「倒産」ってなんだ？

これまで本書では、主に潰れそうな会社が出す「シグナル」について解説してきましたが、改めて「倒産」ということがどういうことかについて学んでいきましょう。

会社がとうとう維持できなくなると、こんな声が聞こえてきます。


「会社が倒産することになった」

「会社が裁判所に民事再生を申請した」

「社長がいなくなった」

「突然、会社に『倒産』の張り紙が貼られていた」

「手形の不渡りを出した」

「会社が債務超過になった」

「赤字決算が何期も続いている」


など、ほかにも様々な「倒産」にまつわる言い方や表現があるのですが、倒産にも様々な種類があるのです。中には、

「倒産することになった。でも、会社は存続する」

「債務超過だが、自力再建が可能」

「赤字決算が続いているが、経営には問題ない」


というように、ヤバい言葉が飛び交っていても、会社が存続することもあります。

中には上場企業で一度は会社の経営が立ち行かなくなり、金融機関からも借り入れを拒まれ民事再生を申請して上場廃止した企業が、その数年後、名前や株主、役員陣などが変わって再度上場企業に戻る、なんてこともあります。

つまり、「倒産」にも色んな種類があるのです。会社が出す倒産シグナルをきちんと理解するためにも、ちょっと小難しい言葉が出てきますが、理解を深めるためにもこの種類と内容について知っておきましょう。

まず、「倒産」という言葉は法律用語ではありません。

この倒産という言葉は、東京商工リサーチが一九五二年から「全国倒産動向」の集計を開始したことで知られるようになった言葉です。

同社のウェブサイトから倒産に関する定義を引用すると、

「倒産」とは、企業が債務の支払不能に陥ったり、経済活動を続けることが困難になった状態を指す。「法的倒産」と「私的倒産」の２つに大別され、「法的倒産」では再建型の「会社更生法」と「民事再生法」、清算型の「破産」と「特別清算」に４分類される。「私的倒産」は、「銀行取引停止」と「内整理」に分けられる。なお、倒産集計は負債総額１，０００万円以上を対象とする。

東京商工リサーチ：知ってて得するリスクマネジメントの基本

(https://www.tsr-net.co.jp/guide/knowledge/glossary/ta_14.html)

ということらしいのですが、このジャンルの専門家でないとちょっとわからないですよね。

というわけで、簡単に「倒産」周りの解説をしておきます。

ちなみに、「会社更生法」とか「民事再生法」とか専門用語がいくつか出てきますが、深く理解する必要も覚える必要もありません。

なんとなく「そうなんだぁ」くらいのもので大丈夫です。専門家になるわけではありませんからね。

読み進める場合は、少しだけ専門的なお話にお付き合いください。

倒産、清算結了、自己破産、夜逃げ……倒産の「リアル」とは?

では、「倒産」の種類について解説していきましょう。

まず、倒産は法律手続きによるものと、そうでないものに分かれます。

まずはわかりやすい法律手続きを使わない倒産の解説から。

この手続きは「私的倒産」とも呼ばれます。なお、ここでは会社の倒産を決める会社の人物のことを代表者と呼びます。経営者と株主の関係はまたのちほど。

法律手続きを使わない倒産—私的倒産①—「内整理」「任意整理」

代表者が倒産を認め、事業を停止すると決めた倒産を「内整理《ないせいり》」や「任意整理」と呼びます。

企業にお金がなく、様々な支払いは不可能になって、事業がもう継続できない。泣く泣く取引先に頭を下げ、残りの支払いなどについて相談する……みたいなイメージです。倒産してしまう会社に売上代金など何かしらの請求する権利を持っている企業や人を「債権者」と呼びますが、この債権者との話し合いで落としどころを探していく、というものです。

もちろん、債権者が同意しなければ、結局のところは自己破産などの道をたどるしかないのですが、このあたりの関係性ものちほど。

まずは、「代表者が倒産を認める」が倒産のひとつということがわかればＯＫです。

法律手続きを使わない倒産―私的倒産②―「銀行取引停止処分」

銀行取引停止処分とは、手形や小切手の不渡りなどによって、銀行との間で処分の日から二年間当座勘定取引および融資取引を行うことができなくなる処分です。

すでに銀行からの借り入れがある場合には、その残高を一括で返済しなければならなくなり、一気に経営が苦しくなります。そのため、この銀行取引停止処分が出た場合には、ほぼ倒産と考えていいでしょう。

ところで、この「手形」というものほど、よく聞くけど実際はなんのことかわからないというものもないと思います。

特に最近では、この手形を通じた取り引きというのは激減していて、もしかしたら一度も仕事上で関わったことがないという人も多いのかもしれません。そこで、せっかくなので簡単に手形について解説しておきます。

▼手形ってなに？

手形の正式名称は「約束手形」。まあ、簡単に言ってしまえばこんな感じ。A社とB社があって、A社はB社に一〇〇〇万円支払わなければないとします。そのときに、「A社には現金がないので、その代わりに手形でB社に一〇〇〇万円を支払う。手形を受け取ったB社は、金融機関で現金化できる。そして、期日までにA社が一〇〇〇万円を用意できなかったら、【不渡り】となる」

要は、支払いの先延ばしなんですね。「不渡り」というのも言葉としては聞いたことがあると思いますが、手形で仮払いした分の費用を用意できなかった、ということになります。

ちなみに手形とよく似たものに「小切手」というものがありますが、違いとしては、手形は現金化できる期日が決まっているのに対して、小切手はすぐに現金化が可能という点。

ほかにも細かな違いはいくつかあるのですが、どちらも「現金の代わりの支払い手段」として認識しておけばいいでしょう。そもそも、昔はオンライン・バンキングなんかはなかったんです。

ですから、多額の現金を持ち運ぶのには危険が伴いました。そういう意味もあって、こうした手形や小切手などが制度としてあったわけですが、現在ではオンラインでの入出金なども当たり前となっており、あまり使われることがなくなっています。

では、法的倒産の解説を会社更生法と民事再生法から始めていきましょう。

法的倒産①：再建型（１）会社更生法

最初にお伝えしておくと、会社更生法による再建手続きと民事再生法による再建手続きは基本的に同じようなものだと考えて問題ありません。

会社更生法は株式会社だけが対象で、上場企業や大企業など、倒産すると社会的に影響がある企業に適用されることがほとんど。

会社更生法を適用し、話題となった代表的な企業としては、長崎屋、ハウステンボスなど。日本航空（ＪＡＬ）が会社更生法適用になったことは、覚えている人も多いんじゃないかと思います。

ほかにも意外な例としては、牛丼大手チェーンの吉野家なども一九八〇年に会社更生法を適用し一九八八年にはダンキンドーナツ運営会社「株式会社ディー・アンド・シー」と合併して、「株式会社吉野家ディー・アンド・シー」となっています。

会社更生法はその名のとおり、再建するための制度です。

「会社更生法適用！」と話題になると、あたかも「倒産」「会社がなくなる」的なイメージがまとわりつきますが、実際は会社をなんとか維持させようという制度です。

ですから、会社更生法が適用されても、そこで働く社員はそのまま雇用が継続されるというのはよくあることで、会社自体がなくなるわけではないのです。

仕組みとしては、会社更生手続きを裁判所に申請します。裁判所は「事業管財人」と呼ばれる実質的なスポンサー企業を選定し、そのスポンサー企業によってなんとか更生させる、というようなものです。

長崎屋の支援に名乗りを挙げたのは、アメリカの企業再建投資ファンドであるサーベラス・グループのサーベラス・アジア・キャピタル・マネージメント。

ハウステンボスの支援は野村プリンシパル・ファイナンス株式会社。ハウステンボスはのちにＨＩＳ（株式会社エイチ・アイ・エス代表：澤田秀雄）が支援に手を挙げたことでも有名です。

このあたりの企業については、「大変そうだなぁ……」とか「なくなってしまうと寂しい」みたいなものですが、一方で会社更生法の適用を強烈に叩かれた企業もありました。

それが前述の日本航空です。株主が怒号をあげて怒っている様相をテレビで見た記憶がある人も多いんじゃないかと思います。

なぜ、日本航空があんなにも叩かれたのかというと、スポンサーが政府系金融機関・支援機関の地域経済活性化支援機構だったからです。

つまり、税金が投入されたわけ。だからみんな怒っていたんです。自らの怠慢で経営不振になったのに、税金で再建?!　となれば、まあみんな怒りますよね。

民間企業同士の支援が美しくも見える分、日本航空の場合は余計に炎上したというような印象でした。

このように、会社更生法は大企業・上場企業を維持させるためのもの。こうした会社を倒産させてしまうと、多くの社員や取引先が路頭に迷うことになります。そのため、こうした制度が敷かれているわけです。

ちなみに、この会社更生法の歴史をたどってみると、支援に名乗り出た企業が倒産の憂き目に遭っていることもわかります。企業経営というのは、なかなかシビアなものです。

法的倒産②：再建型（２）民事再生法

民事再生法の目的は、原則として会社更生法と同じと考えて問題ありません。

こちらは大企業・上場企業だけを対象にしておらず、個人、株式会社や有限会社など中小企業、医療法人や学校法人などすべての法人が対象です。

会社更生法と違う点は、これらの対象が広がっている点と原則として会社更生法の事業管財人のような管財人が不要ということ（裁判所の命令で選任されることもあります）。

基本的には会社を再建するための制度です。

わかりやすく言えば、裁判所の許可と債権者の同意（1／2以上）を取って、債権者への支払いなどをストップし、経営を再建するというやり方。自力で再建する場合もあれば、スポンサー企業をつけて再建することもあります。

そのため、会社更生法のときと同じく「民事再生法が適用された！」と話題になっても、案外生き残っている会社もあります。

ただし、東京商工リサーチの調査によれば、二〇〇〇年から二〇一六年までの民事再生法を申請した会社の生存率は七三四一社中二一三六社で二九・一％と決して高い成功率ではありません。

法的倒産③：清算型（1）破産

会社更生法や民事再生法が「再建」なら、こちらは「清算」。

つまり、いわゆるわかりやすい「倒産」ですね。

株式会社はじめ、様々な法人形態、そして個人での破産があります。事業を停止し、借金などの債務をなくして終わりにする、いわゆるわかりやすい「倒産」です。

手続きとしては、裁判所に自己破産の申し立てをして、破産手続きを進めるわけですが、会社自ら申し立てることもできますし、その会社の役員からも、債権者から申し立てることもできます。

倒産の典型例でもある「破産」ですが、破産の申し立てがあると、裁判所は破産管財人を選定します。ほとんどの場合、この破産管財人には弁護士が選ばれ、会社に残った財産を売却して債権者への支払いに当てていきます。

厳密にいえば、「法人」の破産になるのですが、中小企業の場合には銀行からの借り入れなどにはほとんど経営者個人の連帯保証がついているので、経営者も合わせて個人で自己破産することがほとんどです。

よく聞く「最後は家や土地も売った」みたいな話は、連帯保証人になっているから「会社も破産、個人も破産」というわけです。

ちなみに、破産しても社長個人の税金や社会保険料などは免除とはなりません。

会社が倒産直前ともなれば、様々な未納が出ている可能性がありますが、ここを考慮しておかないと「破産後に、税金の支払いでもう一回お金が足りない」という状況になるので注意が必要です。

法的倒産④：清算型（２）特別清算

特別清算という方法も、清算型の倒産。

破産との違いとしては、まず特別清算は株式会社のみしか適用されません。

そして、特別清算は会社を解散させてから行うため、解散するための決議として株主の

2／3の同意が必要になります。

そのほか、破産に比べて費用が抑えられるなどのメリットもありますが、近年では破産に少額管財制度というものができ、この特別清算という制度はあまり使われなくなってきています。

▼裁判所によらない倒産、再生の補足

倒産にまつわる解説は、本書にあるような会社更生法や民事再生法による再建や、自己破産などの手続きによる倒産処理などが代表的ですが、「第三者」が入って再生や整理をする場合があります。

これには例えば、中小企業庁が提供する「中小企業活性化協議会」や同じく「事業再生ＡＤＲ」などがあります。


……と、概要はこのくらいでいいでしょう。

要は倒産にも種類があって、再建型と清算型があるってことを押さえておけばＯＫです。

まあ、仮に詳しくなったとしても、これらの言葉が出てくるときには、あなたの会社は最終ステージになっているわけなので、知っていてもできることはほとんどないってこともありますけれどね。

で、最後の分類。「夜逃げ」などです。

夜逃げやその他の倒産

再建も清算も行わず、代表者が失踪してしまうのがいわゆる「夜逃げ」と呼ばれるものです。

これは代表者がほうぼうにもっとも迷惑をかけるやり方だといえるでしょう。

銀行から借りたお金を踏み倒し、社員への給料は支払わず、残った取り引きや債務も放置していなくなってしまう。これも倒産のリアルです。

代表者を捜索することもありますが、正直夜逃げされるとどうしようもありません。代表者の家族もろともいなくなってしまうケースもありますし、家族を残して代表者ひとりどこかに消えてしまうケースも。

例えば、自分の父親など実際に自分の家族に会社の代表者がいて、夜逃げされてしまった場合、経営者のその後は実に様々です。

まったく連絡が取れず、生きているのか死んでいるのかさえわからないこともあれば、十数年後、ほとぼりが冷めたと考えひょっこり戻ってくる、なんてこともあるようです。

ただ、再建型にせよ清算型にせよ、きちんとした終わらせ方をした経営者は再起してまた会社を興すことがありますが、夜逃げの場合だとこれがなかなか難しい。

住居を借りるにもお金を借りるにも、記録が残ります。どこをたどって銀行や借金取りがやってくるか……と考えると、まともな職につけない。住民票ひとつ怖くて動かせない。なんて末路もあるとかないとか。これもひとつの倒産のかたち。

そして、残念ながら経営不振に対する自責の念によって、自らの命を絶ってしまうことも。悲しい結末ではありますが、これも倒産のリアルのひとつと言えます。

そして、社長と株主の関係性についてちょっとだけ。

▼「社長」と「株主」の関係性って？

例年六月頃になると株主総会に関するニュースが流れます。なんとなく、株主総会って株式を買っている人が参加して、経営者の話を聞く場……？ みたいなイメージかと思いますが、このあたりを一応整理しておきましょう。

株式会社の例で言えば、会社の持ち主（オーナー）は株主です。株主とは、会社にお金を出す人ですね。会社は株主からお金を集めて経営を行い、利益を出してその利益を配分します。

これを「配当」と言いますが、聞いたことがあるかもしれませんね。ちなみに、この配当のほかにも「株主優待」と言って、例えばスーパーなどを経営する企業の株を買うと割引があったりするなど、企業は様々な方法でお金を出してくれる株主を集めようとしています。

そんな株主から選ばれたのが「経営者」です。

株式を通じてお金を集め、経営責任を持ちます。法律的には「代表取締役」や「取締役」などがそうですね。

経営が悪化すると、こうしたいわゆる会社役員は、株主総会によって解任されてしまうことがあります。あくまで「取締役」は経営を委任された人。「株主」は会社の持ち主。ざっくり言うとこういう構成なのです。

「一株でも買えば、会社の持ち主になるの？」

基本的にはそうです。

でも、実際に会社の役員の選任や解任などは、株主の過半数や２／３以上の賛成で決めるので、実質はその会社の株式を多く持っている人が実質的な会社の持ち主、ということになります。

大きな会社でも、実質的な経営権を持つために、経営者自身や身内などで過半数を維持する場合も多く見受けられます。

このように、法律的には役員と株主は別の立場であり、別の権利義務を持っているわけですが、中小企業だとほとんどが「株主＝社長」という構図です。社長が会社の持ち主であり、経営も自ら行います。

会社が倒産すると、あなたに起こること

会社更生法や民事再生法による法的倒産は、前述のとおり再建を目的にしたものなので、雇用は継続されることがほとんどです。

再建するわけですから、業務は続くわけで、社員がいなければ再建することは不可能です。ただし、会社としては上手くいかなくなったわけで、減給などの条件変更は大いにありえます。

とはいえ、雇用が残るので、働きながらいまの会社をもう一度信じるか、あるいは最低限の給料をもらいながら転職活動をするかという選択になっていきます。

これに対して、内整理や銀行取引停止処分による破産など清算型の倒産は、会社がなくなるため、もうその会社に所属し続けることができません。

まれに、自己破産の手続きを進めるために経理担当社員が残り、日当で給料をもらうなんてこともありますが、あくまで例外。

セオリー的なことをいえば、会社が倒産するときに社員は「解雇」になります。

そのため、法律で決められている「解雇予告手当金」や、給料の未払いがあればその給料がもらえます。さらに、解雇ということは退職なので、退職金ももらえます。

しかし、これはあくまでセオリーです。通常、ほとんど何ももらえないと考えていたほうがいいでしょう。だってお金がないんだから。

会社が倒産するときに、経営者の矜持が見え隠れします。社員に迷惑をかけたか

ら、すべての給与の支払い、そしてできるだけ退職金を出そうとする経営者もいます。

一方で、「無い袖は振れない」と一切の支払いをしない場合も。

前者のような懐を持つ経営者もいますが、やはり経営が上手くいかない、お金がないからこそ倒産するわけで、退職金などは期待できないと考えておくべきです。

「働いたのだから、その分の給料はもらう権利があるはずだ」。確かにそうなのですが、権利があってもお金がなければ支払われることはありません。

これを解決する制度が、「未払賃金立替払制度」です。

これは倒産によって給料の支払いを受けられなくなった社員に対して、その未払い給料の一部を労働者健康安全機構（ＪＯＨＡＳ）が立て替えるという制度です。

労働者健康安全機構は、厚生労働省所管の独立行政法人。労災病院と呼ばれる医療事業を母体とする法人です。ちなみに未払賃金の立替支払いの原資は、労災保険。こんなところに労災保険料が使われているんですね。

次に失業保険の給付です。

失業保険に関する説明は不要かと思いますが、失業したときにもらえる給付ですね。

会社が倒産したときは「会社都合退職」になりますので、失業手当受給資格決定から受給まで七日間という短い待期期間で受け取ることができます。

自己都合退職の場合は待期期間終了の翌日からさらに二ヶ月も待たなければなりません。だから倒産にかかわらず、会社を退職するときになんとか会社都合退職で辞めたいって人がいるんですね。失業手当も早くもらえますから。

最後に健康保険と年金。

あなたが転職して、また別の企業に就職できた場合には、社会保険、厚生年金をそのまま継続ということになりますが、職につかなかった場合には原則として国民健康保険、国民年金への切り替え手続きが必要になります。

せっかく保険料を支払ってきたのに……と嘆く人もいると思いますが、救済措置もあります。

社会保険は任意継続といって、在籍中に加入していた社会保険に継続して加入することもできます。社会保険の加入を続けることができるのです。

ただし、在籍中は会社と折半だった保険料が全額個人の負担になりますので、その点は注意が必要です。

年金の方は、残念ながら国民年金に切り替えるしかないのですが、倒産による失業の場合には、国民年金保険料の減免申請が可能です。保険料がお安くなります。

詳しい審査等については、日本年金機構や年金事務所に聞いていただくということで、倒産周りの解説はこのくらいでいいでしょう。

倒産処理手続き

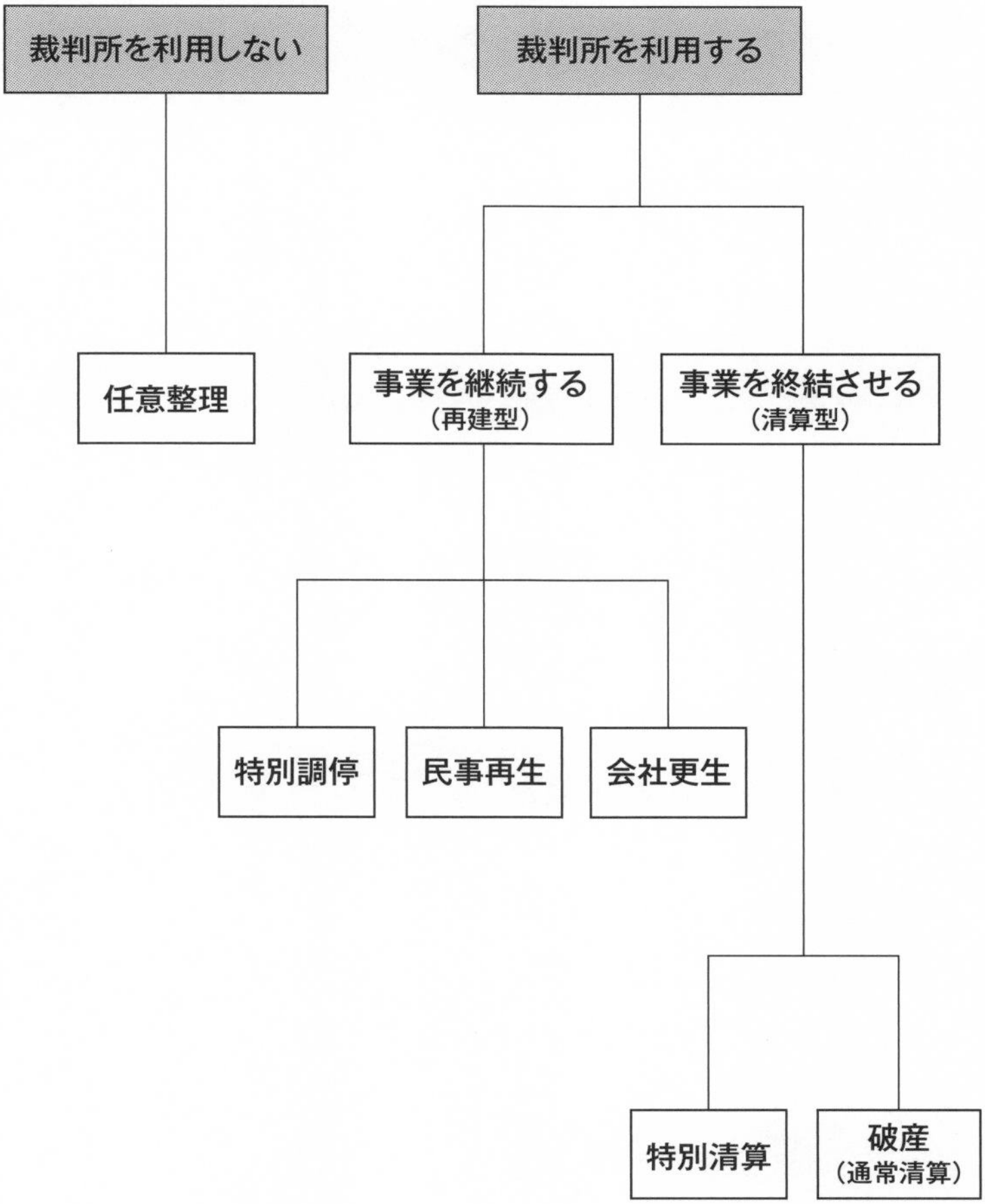
裁判所を利用しない
裁判所を利用する
任意整理
事業を継続する
（再建型）
事業を終結させる
（清算型）
特別調停
民事再生
会社更生
特別清算
破産
（通常清算）

第5章　従業員にとって有利な会社の辞め方

第4章の最後で解説したとおり、会社が倒産した場合には「解雇」になります。手続きの流れや必要なこと、その際にできることは前章で解説しましたので、ここでは退職全般の話をしようと考えています。

会社が潰れそうなときでも、そうでないときでも「退職」が選択肢に生まれたとき、きっと参考になるはずです。

正しい退職の知識と退職方法―話題の退職代行は効果的か？―

まず、知っている人も多いと思いますが、実は退職するのって法律的にはとっても簡単なんです。正社員の場合、「退職の二週間前に、退職の旨を伝える」これだけです。言った言わない論にならないよう、実務上は「退職届（願）」を会社に提出します。そして、一般社員が出すのが「退職届」。社長や役員などの幹部社員が提出するのが「辞表」というのは豆知識。

と、このように法律的に辞めること自体は簡単です。

解雇があれだけ難しいのに、退職は簡単なんて、社長側から見るとなんて不公平だって感じがしちゃいますが、現実的に辞めることはそんなに簡単じゃなかったりするわけです。

上司や同僚からの引き止め。自分が辞めたせいで残る社員に迷惑がかかる。上司との関係性が良くなくて、辞めると純粋に言い出しにくい。こんな繁忙期に辞めるなんて、何言われるかわからない。様々な理由から、退職を躊躇します。

このくらいならまだいいですが、上司からの暴言、損害賠償を請求するなどの脅迫、自宅に押しかけての説得……なかには暴力事件にまで発展することもあります。

何も知らない人は、「退職なんて簡単」って言います。でも、昔とは違って、ＳＮＳやＬＩＮＥなどのチャットツールでどこまでも会社と社員は繋がっていますし、ネット上での誹謗中傷などに繋がる可能性もあります。

例えば、二〇一五年に起きた電通での女性社員の自殺事件。

この女性は、時間外労働時間が約一三〇時間にも上っていたとのことで、過重労働を苦にして二十四歳の若さで自らの命を絶っています。

「自殺するくらいなら、退職すればよいのに」という意見もあります。でも、極限状態になると人は正確な判断ができないものです。

特に真面目で優しい人は、ほかの人に迷惑をかけるわけにいかないとさらに無理をしてしまうこともあります。それが常軌を逸した働き方だとしても、渦中にいるとなかなか気付けないものです。

このように、明らかに辞めたほうが賢明な状況だとしても、様々な事情から退職を言い出せない人も多いのです。

そこで、ここ数年脚光を浴びているのが「退職代行サービス」。

このサービスは、社員の代わりに退職を告げてくれるサービスで、弁護士や社会保険労務士、その他の企業がこの退職代行をサービスとして提供しています。

なお、社員の代理人になれるのは法律上弁護士のみ。弁護士以外のサービス提供者は代理人になることはできませんので、あくまで「退職通知の代行」業務のみとなります。

詳しくは弁護士の小澤亜季子《おざわあきこ》氏の著作、『退職代行』（SBクリエイティブ）をお読み頂けるとよくわかるのですが、この退職代行に関しては様々な意見があります。

中でも辛辣なのが「退職代行を使うのは甘え」という意見です。法律上、ただ「辞める」と伝えるだけなのに、そんなサービスを使うべきではないというもの。

中には、「弱者からお金を巻き上げて、法律的に代理・代行するサービスを行うのは言語道断」みたいな強烈な言い方をして批判する人もいるようです。

これは個人的な意見ですが、病んだり自死を選んだりするくらいなら、甘えと言われようがなんと言われようが、退職代行を使ったほうがいいです。

現代社会は、昔のようなシンプルさはありません。メンタル不調なんて言葉もなかった。鬱病も甘えと言われていた。

でも、いまは本当に複雑なんです。

SNSやチャットツールを通じた人間関係や夥《おびただ》しいほどの情報。自分よりもっと過重労働で苦しんでいる人が辞めていないとか、自分の会社よりブラックな企業で耐えている人もいる。そんな情報もすぐに手に入ります。

しかも、その情報が本当か嘘かもわからないのに。

つらいなら、退職代行を使って辞めていいと思います。

もちろん、きちんと仕事をすることは大事。適当に就職して、適当な仕事ぶりで、「この会社ダメだ」「この上司使えない」という自分勝手な事情ですぐに辞めるのはどうかと思いますが、労働くらいで死ぬことはないと私は考えています。

有給の消化と買い取り、未払い残業代問題をどうするか

退職ということで、次のトピックは有給の消化と未払い残業代。

まずは有給の取り扱いについて解説していきましょう。

まず、退職時に有給が取れるかどうかですが、これは取れます。

有給は例外を除き、いつでも理由の如何《いかん》を問わず休みが取れる権利です。もちろん、退職時となれば引き継ぎや残存業務の処理などはあるかもしれませんが、そういった理由があったとしても、法律的に有給を取ることは可能です。

ただ、実際にはそういった残存業務がある場合に簡単に「有給取りまーす☆」とは言えない空気、というのが現実でしょう。

そういう場合には、最終出社日と退職日を変えてもらうように会社に依頼するのもひとつです。

例えば、有給休暇が一〇日分残っている場合に、七月三〇日を最終出社日にして、八月一〇日を退職日としてもらう。これなら残存業務も終わらせることができますし、有給休暇分の給料ももらうことができます。

そのほか、有給休暇は会社に買い取ってもらうこともできます。

とはいえ、これは例外的措置です。本来、有給休暇は社員が休暇を取って、リフレッシュしてまた働いてもらうための制度。有給休暇を買い取って、常に馬車馬のように働かせるということは違法になります。

しかしながら、法律の規定を上回る有給休暇が付与されていて、なおかつ退職時に有給休暇が残っている場合には、例外的に買い取ることが認められています。ただし、これは法律上のルールがあるわけではなく、会社ごとの運用になっているので注意が必要です。

次に未払い残業代。

これはなかなか難しい問題です。残業代の未払いは違法なのですが、お金については第4章で解説したとおり、権利を持っていても強制的に奪い取ることはできません。

もし未払い残業代があるのであれば、通常時は言いにくくても、退職時には交渉してみてもいいでしょう。

ただ、現実的にはそういった交渉をすることで、今度は退職そのものに対する妨害をされる可能性もあります。このあたりは正論であっても、人間同士の交渉なので、感情論も合わせてつきまといます。

そういう意味では、スムーズな退職を取るか、こじれてもいいから残業代を請求するかは社員側としては慎重に検討する必要があると言えます。

なお、残業代は退職後にも請求することができます。

現在、残業代請求の時効は三年です。退職後も未払い残業代の請求はできます。

しかしながら、前述のとおり金銭債権は法的手続きを経ないと執行できませんので、よほどの金額でない限りは、なかなか請求が難しいといったところです。

弁護士に依頼するにしても、着手金や弁護士報酬、勝訴したときの成功報酬などを考えると、数百万円単位以上でないと、割りに合わないというのが実情です。

そのほか、未払い残業代を支払ってもらう手段のひとつに、労働基準監督署への相談というものがあります。絶対に動いてくれるとはいえないのですが、未払い残業代があるという証拠をきっちり持っていけば、掛け合ってくれる可能性は十分あります。

労基署から是正・指導が入れば、会社が未払い残業代を支払うこともあるので、ひとつの選択肢として考えておくといいでしょう。

会社特有の制度を活用してから辞める

ここからは、会社の雲行きとは関係なく、知っておけば有利に辞められるかもしれないというトピックです。ひとつずつ見ていきましょう。

わかりやすいのは、説明するまでもないですが「ボーナスをもらってから辞める」という時期の問題。大変な時期には辞めにくいでしょうから、繁忙期を避けて辞めるというのもひとつの選択。

あとは本当に会社によりけりですが、大きな会社だと「勤続○年表彰」なんてのがあったりします。勤続一〇年なら一〇万円、勤続二〇年なら二〇万円など、こうした特殊ボーナスが存在することがあります。

ほかにも、長期雇用を実現するために、住宅購入補助なんかを出す会社もあります。家を買うときに、会社から一〇〇万円とかもらえたら、そりゃなかなか辞めにくいですからね。まあ、あっさり辞めちゃう人もいますけど……。

ほかにも、例えば大企業や上場企業に勤めている場合には、クレジットカードや住宅ローンの審査は比較的通りやすいといえます。そのため、クレジットカードをつくったり、住宅ローンの審査が通ってから退職をするというのも、ひとつのお得な辞め方です。

産休と育休を取ってから辞める

そのほか、狙ってできるかどうかは別として、産休と育休を上手く取ってから辞めるという方法もあります。

産休、育休期間には基本的に給料は支払われません。稀に給与を出す会社もあるようですが、まず会社から給与が出ることはないと考えていいでしょう。

ではこの期間は無収入で過ごせというの？　というと、そうではありません。給料の五割から七割に相当する手当金や給付金を健康保険や雇用保険から受け取ることができます。

もし妊娠したことがわかったら、産休と育休を取ってから退職するというのもひとつの選択です。

妊娠がわかり、出産前に会社を退職してしまうと、原則としてこのような手当金や給付金をもらうことができなくなります。ですから、事実上産休に入ったタイミングで退職と自分では考える。

きっちり手当金をもらって、育児休業給付金のもらえる子どもが一歳になるタイミングで正式に退職。となれば、手当はしっかりもらえることになります。

失業時にもらえる、その他の手当

失業したときに「失業手当」がもらえるのはよく知られていますが、実はこのほかにも失業時には様々な手当があります。

例えば、職業訓練にともなう「技能習得手当」や病気や怪我のときにもらえる「傷病手当」など、意外と知られていない手当もあるのです。これらの手当については、図表（158ページ）でまとめておきますので、ぜひ参考にしてください。

さあ、ここまでは社員の立場から、潰れそうな会社のシグナルと辞め方について解説してきました。では、そんな潰れそうな会社の社長は、どんな状況にあるのでしょうか。

おそらく、会社が厳しいときには、社長と会話なんてなかなかできないですし、そして何をしているのかもわからない。本当に潰れそうな会社を逆転させることはできるのか？

次章からはそんな会社側の話です。

雇用保険　失業等給付

- **求職者給付**
  - 一般求職者
    - 基本手当
    - 技能習得手当
      - 受講手当
      - 通所手当
    - 寄宿手当
    - 疾病手当
  - 高年齢継続被保険者
    - 高年齢求職者給付金
  - 短期雇用特例被保険者
    - 特例一時金
  - 日雇労働被保険者
    - 日雇労働求職者給付金
- **就業促進給付**
  - 就業促進手当
    - 再就職手当
    - 就業促進定着手当
    - 就業手当
  - 移転費
  - 広域求職者活動費
- **教育訓練給付**
  - 教育訓練給付金

  離職中
  技能習得手当
  短期訓練受講費用

  雇用保険未加入
  職業訓練受講給付金
- **雇用継続給付**
  - 高年齢雇用継続給付
  - 高年齢再就職給付金
  - 育児休業給付

    産前産後休暇時
    出産手当金
    出産育児一時金
  - 介護休業給付

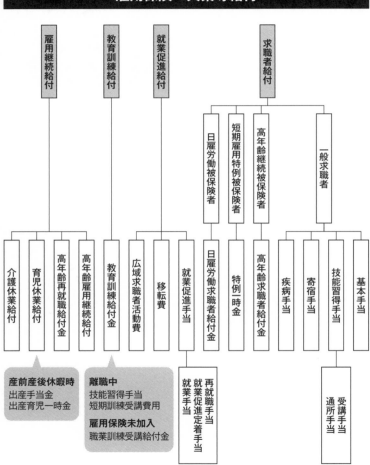

第６章　会社が潰れる前にできる応急処置と緊急対策

さて、ここからは経営者目線の話になります。会社が倒産の窮地に際したとき、社長は何をしているのか、どんなことを考えているのか、そしてどんな社長ならこの絶体絶命の窮境を脱出できるのか。では、いってみましょう。

応急処置と緊急対策が行われるようになったら要注意

究極を言えば、会社が潰れるということは、お金がなくなることです。これまで説明してきたとおり、お金があって会社が潰れることはありません。

ですから、会社の応急処置は「金策」であり、「資金繰り」です。社長が資金繰りに関することばかり行うようになってきたら、それは応急処置であり、そして緊急対策、最後の対策でもあります。

前述のとおり、トリガーによっては会社を維持しようとし、またトリガーによって諦めてしまう。では、最後まで会社を立て直そうとした社長は、どのようなことをすればよいのでしょうか。

できそうでできない、不要なもののコストカットと個人資産の売却

まずは最後の金策です。

すでに説明済みですが、不要なもののコストカットや個人資産の売却など、お金に変えられるものはすべて変えます。

生命保険の解約や、場合によっては子どもの学資保険の解約など、あらゆるものが含まれます。社長の自宅や車などもそうです。

このとき、社長のメンタリティにもよるのですが、最後まで自宅を手放したくないという社長も多い。

よく、倒産の危機から逆転したなんて逸話に「最後まで自分の車は守った」とか「自宅を手放したら負けだと思った」など、自分の守りたいものを守ったからこそ、逆転できたなんて話がありますが、ああいうのはあくまで美談であって、実際は個人資産を売却できない社長の逆転可能性はかなり低いといえます。

結局、会社を立て直せなければ、自宅も車も取られてしまうわけです。「守りたい」という時点で、会社を再興させる覚悟がないともいえます。

ですから、いつまでも何かを守りたい、手放したくないという社長が、会社を立て直せるかといえば、かなり難しいといえます。

会社を救うのは、お金のみ―最終局面の資金繰り法―

どんな社長が窮地から逆転できて、どんな社長がそれをできないのか。このあたりについては、本章の最後でまとめておきます。

まずは潰れそうになったときに、何をすればいいか。もちろん、どんな手段で逆転させるかは、社長の手腕と状況次第です。

しかしながら、最終的に会社を救うのはやはりお金。ということで、最終局面の資金繰りについて解説していきましょう。

まずはこれまでに、金融機関と取り引きがあるかどうか。つまり、借り入れがあるかどうかです。

金融機関との関係性や潤沢な借り入れを実現する資金調達法については、次章で解説しますが、窮地に金融機関との取り引きがあるかないかで、生存確率が変わります。

金融機関との取り引きのある会社のほうが、圧倒的に生存確率が高い。つまり、最後の追加融資の可能性が残っているのです。

これはどういうことか。逆の立場から考えるとわかりやすい。

例えば、あなたが金融機関の融資担当者だったとします。資金繰りに困っている二つの会社が融資をしてほしいと相談に来ました。

一社は長く付き合いのある、過去に融資を実行している会社。いまは厳しいかもしれないが、これまで返済が滞ったことのない会社。

もう一社は、これまでに取り引きのない、初めて知る会社。

同じような業績なら、どちらに貸します？　ってことです。

当然、初見さんには怖くて貸せないわけです。「初めまして」で、会社が苦しくてお金がない会社、不安で貸せないですよね。

でも一方で、取り引きがあれば、会社の収益構造も知っているし、社長の人柄も知っている。いまは苦しい状況だけど、事業計画を見れば挽回できそうな可能性が見いだせるかもしれない。

さらに、現在進行系で貸しているお金があるとすれば、倒産してしまったら回収できないわけで、金融機関もなんとかしようとする。金融機関側から考えるとわかりやすいでしょう。

と、取り引きがあるかないかでこれだけ初手が違うのです。まずは、取り引きがある場合に何をすればいいか、解説していきます。

金融機関と取り引きがある場合―追加融資の可能性を全力で探る―

すでに取り引きのある金融機関があれば、追加融資の可能性を徹底的に探っていくことが必要です。

「赤字決算の会社では、融資は受けられない」というのが、融資の定石ではあるのですが、実務上は赤字決算でも追加融資が出た例は少なくありません。

では、窮地にある会社が金融機関に対してできることは何か。それはひと言で言えば「現在の状況をきちんと説明し、今後の経営で挽回できる可能性がしっかりある」ということを、書面と熱意で見せることにあります。

必要な書類は、経営改善計画書、資金繰り表、試算表です。

わかりやすい資金繰り表、試算表から見ていきましょう。

一般的にいう「決算書」は一年分の業績をまとめたものです。

これに対して、試算表は一ヶ月分の会社の業績を集計したものになります。

試算表、月次試算表または月次決算、月次決算書とも呼ばれますが、すべて同じものです。

会社が窮地にあるのですから、前期の業績だけ告げられても、金融機関としても判断ができません。ですから、最新の試算表が必要になります。

ポイントは、最新性と正確性。

これに関しては、顧問税理士に頑張ってもらうしかないでしょう。できるだけ経理データを早く送り、正確な試算表をつくってもらうことが重要です。

試算表は顧問税理士がいれば、通常はあるものですし、ない場合でも税理士に依頼すればつくってもらえるものなので、ない場合はすぐに依頼すべきです。

試算表は一ヶ月分の会社全体のデータ。これだけでは足りません。金融機関を納得させるためには、きちんとお金の収支を伝えることが必要になります。

そこで求められるのが「資金繰り表」です。

資金繰り表は一定期間の現金収入と現金支出を分類・集計して現金の動きや過不足を把握できるようにするために必要なもので、決まったフォーマットはありません。

これによって、金融機関も早期に会社の状況を知ることができ、融資可能性を検討することができます。

資金繰り表が存在しない会社も多くありますが、追加融資を受けるためには絶対に必要だといえるものです。自社でつくれない場合は顧問税理士に相談して早急につくるべきです。

最後が経営改善計画書。

名称は「事業計画書」でも何でもよく、フォーマットにも決まりはありませんが、最近は中小企業庁などでフォーマットを無料ダウンロードできるようになっており、こうしたフォーマットを使うことが好まれています。

経営改善計画書には、これからどのように経営を改善していくのか、その説明を盛り込みます。

例えば、ビジネスモデルについての解説、マーケティング施策やその結果の予測。そしてそれらによってどのような結果になるのか。こうした改善策を盛り込みます。

この青写真といえるものは、多少は絵に描いた餅でも机上の空論的になってしまっても構いません。

もちろん説得力があるに越したことはありませんが、先のことは誰にもわからないわけで、可能性をとにかく追っていきます。

地味な改善を見せることも、社長の姿勢として重要です。

例えば、無駄な購入をしないとか、役員報酬を下げるなどの努力。役員報酬って、窮地になっても意外と下げられないものです。きちんと役員報酬を下げ、会社再建の努力と姿勢を見せます。

ちなみに、先ほど金融機関から見た場合、という話がありましたが、会社がままならないのに役員報酬が相変わらず高かったり、高級車を会社で購入していたりすると、やはり金融機関の印象は悪くなります。「そんなもの買う余裕があるんなら、自分でなんとかすれば？」ってことですね。

最後は熱意を見せること。

社長自身のパーソナリティも、金融機関の評価のひとつです。必死で立て直そうとする社長と、どこか他人事の社長では、どちらに貸したくなるかは、説明するまでもありませんよね。

金融機関と取り引きがない場合―果たして、窮地に一発逆転は可能なのか？―

これまでまったく金融機関と取り引きがない場合。これはなかなかの絶望的状況です。前述のとおり、初見さんで赤字ってなかなか貸せる要素がありません。

でも、可能性がゼロかといえば、苦しいのですがゼロではありません。できることは残されています。

例えば、すでに説明したノンバンクやビジネスローン。個人のクレジットカードのキャッシングや消費者金融。これを使うことで、金融機関の評価は下がってしまいますが、金融機関から借りられないのであれば、仕方ありません。

短期的にこれらを使い、正常に戻せる余力があれば、これらの方法を選択するのもひとつ。

でもその前に、一度は日本政策金融公庫に行く。まずはこれをやるしかありません。日本政策金融公庫も政府系とはいえ、金融機関です。

ですから、やっぱり取り引きがある方が有利。創業融資も受けていません、コロナ融資も受けていません、自己資金は使い果たしました……という場合でも、ダメ元で行くべきです。

例えば、状況は最悪でも、日本政策金融公庫に行けば、可能性はゼロじゃありません。もしかしたら、一〇〇万円でも融資が出る可能性があるかもしれない。

「一〇〇万円ぽっちじゃ、会社の立て直しなんかできない」という意見もあると思いますが、日本政策金融公庫との取り引き実績ができれば、他の金融機関からも借りられる可能性が出るわけです。

「厳しそうな会社だけど、日本政策金融公庫さんが貸したのならば、大丈夫なのかもしれない」と。

もちろん、取り引きがある場合と同じく、試算表、資金繰り表、経営改善計画書は必ずつくります。その上で、やれることは何でもやる。こうした姿勢があれば、奇跡が起こる可能性はあるのです。まあ、それでも奇跡と呼ぶくらいの確率になってしまいますが……。

プロのコンサルタントでも救えない経営者、逆転できる経営者

これもある意味、倒産のシグナルになるかもしれませんが、事業再生のプロ、あるいは資金調達のプロでも、社長自身に致命的な問題があれば、支援することは難しいそうです。では、どのような社長が、会社を立て直せないのか。そしてどんな社長なら会社を再建できるのか。そんな話をしていきます。

(1) 一発逆転があると思っている社長はうまくいかない

資金繰り、会社の立て直しって本当に地味な作業なんです。試算表、資金繰り表、経営改善計画書の作成などは数字とにらめっこして、ただただそれを書類に落としていく作業。倒産を防ぐ最後の綱は融資なのですから、こういった作業に地道に取り組める社長は逆転できる可能性を持っています。

本当にこういうときは精神的にもキツイ。その中でも、真面目に諦めず取り組める社長が奇跡を起こします。

一方で、何か一発逆転がある。あるいは、「コンサルタントにお金さえ払えば、なんとかなるっしょ」みたいな、魔法のような何かがあると思っている社長。こういう人は、なかなか逆転にはほど遠い。

ドラマや映画では、窮地に救ってくれる取引先、偶然生まれるヒット商品、足元を掬わ

れるライバル企業……なんてのが終盤の典型ですが、現実にはそんなことはまず起きない。そういったものは物語の世界なのです。ですから、そんな都合のいい展開はない、魔法のようなものはないと現実をきちんと受け止めて、地道に取り組める社長でなければ、逆転の道は拓けないのです。

（2）最後まで、見栄やプライドが捨てられない

これは何度も出てきましたが、本気で会社を潰させないと覚悟したら、自宅だろうが高級車だろうが売却して少しでもお金をつくろうとするものです。

しかし、「自宅だけは」「この車だけは」と必死にしがみつき、しまいには「自宅を手放したり、車がなくなったりしたら、周りになんて言われるかわからない」と周りの評判や地位を優先させる。

これでは、どんなプロがアドバイスをしても、会社はもとに戻りません。

立派な賃貸オフィスを手放し、自宅兼事務所で再起した社長もいます。いままで住んでいた戸建てを売却し、賃貸アパートから復活した社長もいます。恥も外聞もなく、全力で会社再建に取り組む社長でなければ、窮地を脱出することはできないのです。

生活レベルを落とすのは、思いの外大変なこと。自分自身の情けなさ、至らなさ、そういうことを直視し、もう一度立ち上がれる人が、逆転の可能性を持っているのです。

（3）素直な人、前向きなアイディアを出せる人、汗をかける人

これまで「税理士にうちの業界のことがわかるか」などと言って、税理士のアドバイスを聞かなかった社長も、あるいは「経営経験のないコンサルタントに何がわかる」と言って、コンサルタントを蔑視していた社長も、追い詰められると次第に素直に助言を聞くようになります。

これは弱っている証拠でもありますけど。

ただ、この素直も「責任転嫁的な素直」なのか、「本当に再建するための素直」なのかとでは、少し意味合いが違います。

前者は素直でもなげやり。後者は本気で会社を立て直すために真面目にアドバイスを聞く、といったところでしょうか。

繰り返しになりますが、試算表、資金繰り表、経営改善計画書などの作成は、本当に地道。この先に本当に未来があるのかと疑ってしまいたくなる気持ちもわかります。

しかし、これらはプロのアドバイス。プロを信じて、素直に実践する。この姿勢が重要です。

加えて、こんな窮地でも前向きにものごとを考えられる人。打開策としてのアイディアが出せる人、出そうとする人。

本当にお金がなく、倒産間近になれば、通常ならまともな精神を維持するだけでも困難になります。その中でも、前向きに打開策を出す。いや、出そうとする精神性が、奇跡を呼び寄せるのかもしれません。

さらに、汗をかける社長。創業の頃は、どんな社長も必死に汗をかいて営業するもの。顧客ひとりひとりに靴をすり減らして会いに行き、また取引先に頭を下げ、自分の会社が軌道に乗るために、頭より身体を使ってきた、なんて社長も多いはず。

しかしながら、会社が成功すれば、徐々にそういったドブ板営業をしなくなります。自ら動かなくても、広告を出せばいいじゃないか。あるいは自分じゃなくても、社員に行かせればいい。社長はどんどん現場から遠ざかります。

最後は「俺は社長なんだから」と言って、次第に動かなくなります。もちろん、仕組みとして社長が現場から離れることの重要性を否定するわけではありませんが、会社が倒産の危機に瀕しているわけですから、自らの手と足を動かさなければ奇跡は起きません。

金融機関への金策や知り合いへの無心はもとより、お金を使わない営業だっていくらでもあるわけです。

顧客に会いに行くようなアナログな方法もあれば、いまはYouTubeやＳＮＳなど無料で使えるツールはいくらでもあります。

もちろん、各種ツールの活用には設計や戦略が必要ですが、無策でも何もしないよりは何かが起こるかもしれない。そうやって汗をかける人こそ、幸運を引き寄せられるのではないでしょうか。

最後にひとつだけ。

よく「自己破産すればいいや」と自己破産を軽く考える社長がいます。この自己破産にも、「全力で取り組んだ結果の自己破産」と「何も考えてない自己破産」があります。

後者はよく言えば楽観的。悪く言えば、真剣に取り組まなかった結果の自己破産です。こういう社長が自己破産すると、また同じような結果になることがほとんど。

そういう意味では、やはり会社が潰れる・潰れないのシグナルって、社長自身が出すものなんだなぁとしみじみ思うのです。

……と、これが会社が潰れる前にできる応急処置と緊急対策、そして社長のパーソナリティです。では、最後に行く前に、逆に「潰れない会社ってどうなってるの?」という疑問もあると思うので、そういう話を入れておきます。

第7章　潰れない会社がやっている経営のルール

さて、本章ではこれまでの「潰れそうな会社」の逆、「潰れない会社」について解説していきます。

さおだけ屋はなぜ、潰れないのか？　何をやっているかわからない高校生インフルエンサー社長の会社は何をやっているのか？　「成功の秘訣はプロフに」とSNSに投稿している人は本当に成功しているのか？　そんな謎を解き明かしていきます。

なぜ、あの会社は潰れないのか？

まず、身も蓋もない大前提をいっておくと、絶対に潰れない会社などありません。

絶対的神話のあった銀行が潰れることもありますし、時代の寵児と呼ばれる社長率いるIT企業も崩壊することがあります。

まあ、税金が投入される政府や自治体が関与する会社はもしかしたら潰れにくいのかもしれませんが……。ですから、ここで解説するのはあくまで一例。そして、そういう傾向があるということで、「目安」にして頂ければと思います。

本題に入る前にもうひとつ前提。

それは、「見えているものがすべて正しいとは限らない」ということです。

例えば典型例がSNSの情報。有象無象の情報がこれでもかと散見されます。若くして成功した起業家が海外で豪遊する投稿や、何をしているのかわからないのにフォロワーが何万人もいる社長。

こうした投稿を見ると、多くの人が成功しているように見えます。

しかし、実態は誰にもわかりません。えらっそうに人生訓なんかを投稿している社長が、実は顧客から訴えられていることもあります。

よくわからないインフルエンサー的に自撮りばっかり投稿してチヤホヤされている社長も、実は事業では結果が出ておらず、親族の会社に食べさせてもらっていることだってあります。

インターネット上にある情報は、ファンタジーなのです。

まあ、根拠を挙げている場合はそうでもないのかもしれませんが、特にＳＮＳの情報は鵜呑みにしないほうがいい。

だって、私が知っている限りでも、豪華絢爛な投稿はその人の生活のごく一部でしかなく、実際はかなり寂しい生活を送ってる、なんて社長もいっぱいいますからね。特にＳＮＳはファンタジー。

なので、今回はそういうファンタジーでない実態としての経営のルールについて解説していきます。

本当に世の中、嘘ばっかりです。今回は嘘ではない、私のコンサルタントとしての経験とプロ士業への取材でわかった「現実」をお伝えしていこうと思います。

潰れない会社の「負けないビジネスモデル」とは？

これまで社長の性格とかパーソナリティに関する話が多かったので、構造的な話から入りましょうか。

例えば、あなたが一〇〇〇円の商品を仕入れて、それを一〇〇円で売ったとしましょう。もちろん、一個売れば九〇〇円の赤字。売れば売るほど赤字が累積していって、とても経営なんか成立しません。

どんなに努力しても無理。これは極端な例ですが、始める前から商売が成立しておらず、破綻しているわけです。

では、潰れない会社はどうなっているのか。それは、きちんと儲かる構造を持っているということに他なりません。

こういったビジネスの構造のことを「ビジネスモデル」と呼んだり、「仕組み」と言ったり、あるいは「キャッシュポイントがしっかりしている」と評価されたりしますが、ここでは「ビジネスモデル」で統一します。

商売のやり方、ビジネスの仕組み・構造。そんなイメージでOKです。ということで、「負けない会社のビジネスモデル」について、説明していきましょう。

（1）高単価商品・サービスを取り扱っている

これから起業する人に話を聞くと、こんな意見が多く見受けられます。

「商品やサービスに自信がなく、また営業も得意じゃないので、最初は安く売ろうと思います」というような「安売り」の意見。

もちろん、戦略的に安売りの次にバックエンド商品があればよいのですが、そうではないただの安売りは厳しいビジネスモデルといえます。

確かに、安いほうが売りやすいのかもしれません。でも一方で単価が安いとなれば、数を売らなければなりません。一〇〇万円を稼ごうと考えたときに、一万円の商品であれば、一〇〇回売らなきゃ届かない。でも、一〇〇万円の商品なら一回で達成することができます。

経営は、お金がないと成立しません。

そのために売上をつくり、粗利を出すことは極めて重要。

その粗利を出すために、低価格商品だけ扱っているとなかなかこれが厳しい。いわゆる薄利多売というやつですね。なので、高単価商品を取り扱っている会社は潰れにくいといえます。

もちろん、高単価商品だけを取り扱うというわけではなく、それ以外の商品やサービスもあってもいい。でも、高単価商品がないと売る回数を増やさなければならないため、決して楽ではないということです。

この話をすると「うちには高単価商品がない」という人もいますが、ないならつくればいいだけのことですし、別の会社の商品を取り扱ってもいいわけです。高単価商品は一回の販売で大きな利益をもたらしてくれる。これはひとつの生存ルールといえます。

(2) 継続課金商品・サービスがある

高単価商品の次は、継続課金。

いまではサブスクリプションというほうが伝わりやすいでしょうか。この「サブスク」の強いところは、継続課金。多くが月額課金になりますが、毎月決まった売上がある構造を持っている会社は強い。

例えば、税理士などの士業でいえば「顧問料」などがそれに当たります。ウェブサイトの制作を請け負うデザイナーなら、制作後の「保守費」。こういう継続的な売上をつくることができるビジネスは強いのです。

継続課金ビジネスの良いところは、この先の見通しが立つということ。

例えば、月額五万円の顧問先を二〇社持った税理士がいたとします。月の売上は一〇〇万円。なにもなければ、年間一二〇〇万円は確定しているわけです。事業計画も立てやすく、また金融機関としても評価がしやすい。鉄板のビジネスモデルのひとつです。

こうした継続課金ビジネスには、毎月何かを提供するタイプのものと、「〇〇放題」のタイプのものがあります。

毎月サプリメントを提供し続ける健康食品会社のビジネスモデルが前者の例。後者の例としては、Netflixのような映画・ドラマ見放題なんかもそうですね。こうした継続課金モデルを持っている会社は強いといえます。

（３）リピート商品を持っている

わかりやすいのが、「なくなって補充が必要なもの」ですね。シャンプー剤やティッシュなどの生活消耗品は、いずれなくなるので必ず補充が必要です。こうしたリピート構造を持っているビジネスモデルも、強いビジネスモデルのひとつといえます。

このリピートに関しては、実は二面性があって「構造的なリピート」と「引き起こすリピート」があります。先の生活消耗品は構造的なリピートです。構造的になくなってしまうから、リピートせざるを得ない。

もちろん商品の良し悪しもありますが、なくなって必要だから買わなければならないという構造です。生活消耗品のほかには、コピー機のトナーなんかも同様の性質を持っているといえます。

これに対して「引き起こすリピート」は、例えば飲食店のリピートなどです。構造上はリピートの強制性がないけれど、やり方次第では何度も来てもらえるというタイプですね。単純に美味しかったからまた来たいという商品勝負のやり方もあれば、ポイントカードやスタンプカードなどのお得感で再客を狙う場合もあります。

もちろん、様々な手法でリピートを引き起こすことによって売上を伸ばすことも可能ですが、構造的なリピート性を持っているほうがより強固です。こうした視点で会社を見てみると、会社の見方も変わってくるかもしれませんね。

(4) 仕入れがない、仕入れが少ない

飲食店なら食材。アパレルショップなら服飾商品。仕入れがあるということは、先にお金が出ていくということです。

もちろん、業種業界によってはこの仕入れを避けることのできない世界もありますが、仕入れというのはお金が先に出ていき、そして在庫が余るというリスクを持っています。そのため、過剰在庫によって会社の資金が足りない、なんてこともあるわけです。

一方で、例えば私のようなコンサルタント業や税理士のような士業は比較的商品の仕入れがない世界だと言われています。自分自身が商品でもあるので、自己投資のための勉強代などはある意味仕入れなのかもしれませんが、ほぼ仕入れのない業界だといえます。

こればかりはどのビジネスを行うかで分かれるわけですし、仕入れがある会社が潰れやすいとはいえませんが、少なくとも起業初心者が仕入れのある商売を最初から取り扱うの

は避けたいところです。

そして、仮にどうしても仕入れがある飲食店などの商売でも、レシピの販売など、仕入れが少なくて済むビジネスを加えることはできます。

こうした事業を持っていることで、利益率の高いビジネスを持つことになり、こういった構造を持っている会社は、やはりしたたかといえるでしょう。

（５）先にお金が入ってくる仕組みと日銭商売

例えば、飲食店はかつて「現金商売」といって、小口でも毎日現金としての日銭が入るため、強いといわれてきました。まあ、いまはカード決済や電子決済サービスなどで、必ずしも現金商売とはいえなくなってきてはいますが……。

ポイントは、先にお金が入ってくる仕組みを持っているかどうかです。

これは商品やサービスの性質上、先払いになっているというより、会社や営業部の方針ともいえます。

例えば、ウェブ制作の案件を受けるときに、先に費用をもらうルールにする。こういう小さなことでも積み重ねていけば、先にお金が入ってくるようになります。つまり、潰れにくい会社は徹底して早く代金をもらうようにしているのです。

先にもらっても、後でもらっても金額は同じ。では、なぜ前払いにこだわったほうがいいかといえば、売上の入金は遅れることがあるからです。

ウェブ制作の例でいえば、制作期間が一ヶ月間だったと想定していたとしましょう。制作費が五〇万円ならば、一ヶ月後に五〇万円の入金があるはず。でも、途中でお客から仕様変更の依頼があって、それを考慮するとどう考えても一ヶ月では終わらない。結果として、二ヶ月後、もしくはいまから修正すると三ヶ月後になってしまう。

でも、会社としての支払いは待ってもらえません。

家賃、人件費、その他の諸経費。つまり、後払いになればなるほど、潜在的な支払いリスクが高回るわけです。ですから、資金繰りの意識が高い会社ほど、前払いにこだわります。

例えば、「一括支払いだと〇%引き」とか「支払いが先にできるなら、少し割引できる」みたいなセールストークを聞いたことがありませんか？

これは、割引をしているから利益を下げているようにも見えますが、入金を先にしているという面もあるので、会社の状況に応じては賢い割引ともいえるのです。まあ、これを連発している会社は、もしかして資金繰りに困っているのかもしれませんが……。

もちろん、賢い先払いの仕組みもあります。めちゃくちゃ古い例でいえば、鉄道切符の回数券とかですね。一〇回分の運賃で、一一回乗れるというもの。いまでもコーヒーの回数券などがありますが、どれも先にお金をもらう仕組みです。

ちなみに、先払いに加えて日銭商売を持っている会社もなかなか強い構造だといえます。

あまり大きくはないけど、日々何か売れるものがある。

塵も積もれば山となるとはよく言ったものですが、単価一〇〇円のものだって、一日一〇個売れれば一日で一〇〇〇円。年間で一年なら三六万五〇〇〇円。積み重なっていけばバカになりません。

常にお金が入ってくる仕組みを持っている会社は、あとに話す多重構造とも相まって、強い仕組みになっている可能性があります。

（６）多重構造とライフタイムバリュー

商店街にある一坪くらいしか広さのないお花屋さん。でも、もう何十年も経営が続いている。そんなに花って日常的に売れるものなのか……と事情を聞いてみたら、毎月葬儀場と結婚式場へのまとまった花の取り引きがあって、実はめちゃくちゃ儲かってる。

本章冒頭で挙げた「さおだけ屋」も、竿竹だけ売っているのではなく、竿竹の土台も売っているかもしれないし、自分の商店を知ってもらうための営業活動なのかもしれない。

一見儲からなそうに見えて、儲かっている。こういう会社の場合は、多重構造でどこかにキャッシュポイント、つまり儲かるビジネスモデルを持っていることがあります。

例えば、だいぶ古い話で恐縮ですけど、昔はＰＨＳなんかは最終的に本体一円でほぼ無料で配っていたようなものですし、インターネットのモデムなんかは本当に無料で配布していました。

ＰＨＳだってモデムだって、製造費用がかかっているわけですから、無料で配布したら大赤字なわけです。でも、当時はこぞって無料で配布していた。

それは、月額の通信料で儲かることがわかっていたからです。儲かるビジネスモデルの（２）ですね。

このように、一見どこで稼いでいるのかわからないビジネスでも、構造が多重になっているると別のキャシュポイントを持っていることがあります。だからやっぱり、表面上じゃその会社の良し悪しなんて、わからないんです。

ほかにも構造的な特徴はありますが、代表的なのはこのような感じです。

ちなみに、ビジネスモデルとは構造上の話であって、セールスはまた別の話。

こうしたビジネスモデルの構造を前提に、アナログな飛び込み営業で売るのか、ＳＮＳでバズらせて売るのか、はたまた広告を出すのかはまた別の話になるので、ご注意ください。

細かいセールスまで解説するのはちょっと一冊では難しいので、またいつかどこかで、ということで。

潰れない会社のルール

潰れない会社は
「負けないビジネスモデル」を持っている!

- 高単価商品・サービスを取り扱っている
- 継続課金商品・サービスがある
- リピート商品を持っている
- 仕入れがない、仕入れが少ない
- 先にお金が入ってくる仕組みと日銭商売
- 多重構造とライフタイムバリュー

小さくても絶対に潰れない会社が持っている「差異」とは？

潰れない会社は、解説のとおり強いビジネスモデルを持っています。もちろん、こういった構造だけでも強いのですが、構造だけだと他社との競争になってしまうことがあります。

そんな競争に強い会社が持っているのが、いわゆるその会社独自の「強み」です。ＵＳＰ（Unique Selling Proposition）ともいったりします。

その会社にしかない製品。その会社にしかできないサービス。こういった強みがあると、他社との競争になりにくく、また他社が参入しにくいいわゆる参入障壁をつくることができます。

と、一般論としての説明はこのような感じなのですが、これもセールスと同じく、解説し出すととても一冊の書籍では解説しきれないので、いくつか企業例を出しておきます。

▼企業のＵＳＰの例

（1）ダイソン
ＵＳＰ…吸引力の変わらないただひとつの掃除機

（2）iPod（Apple）

ＵＳＰ…"1,000 songs in your pocket."
「ポケットに1，０００曲のミュージックライブラリを」

（３）FedEx
ＵＳＰ…"Safe, reliable overnight delivery for your important packages"
「お客さまの大切なお荷物を、安全に、そして1日で確実にお届けします」

※ＵＳＰとキャッチコピーの関係性などはちょっと説明しきれないのと、本書のメインテーマから少し外れるので、本書ではこのくらいで

会社を潰させない経営者の条件―目立つ社長、目立たない社長―

危険な会社のシグナル「経営者編」や「組織編」でお伝えしましたが、会社を潰す社長の共通要素について考えてみると、詰まるところ会社経営が「私利私欲」なのかどうかが、分かれ目のような気がします。

自分のためだけにお金を稼ぎ、自分のためだけにお金を使う。人間の欲望とは恐ろしいもので、最初は謙虚で慎ましかった生活も、一度味を覚えてしまえばその欲は無限の広がりを見せます。虚栄心や見栄も暴走します。

だから会社のお金を私的に使うようになるし、多くの称賛を受けられるセミナー講師など、自分が目立つ場所を探すようになる。そして、SNS時代には「いいね」やフォロワー獲得のために「成功投稿」はどんどんエスカレートしていく。

結局、会社を潰さない社長というのは、家族のため、社員のため、顧客のため、もう少し大きくいうと日本のため、そして世界のために会社を経営している人なのではないかと思うのです。

もちろん、社長によってそのスケールは違います。家族や社員を守りたいという社長もいれば、この国を救いたい、世界を平和にしたいなんてスケールの社長もいるでしょう。そうなってくると、組織編で解説した「理念」に立ち戻ることになります。「なぜ、その会社をやっているのか？」という問いです。

この問いに、心の底からいえるパブリックなメッセージがある社長というのは、会社を潰しにくいのではないかと思うのです。

結果、最適化をすれば社長のプライドや虚栄心の優先順位は下がっていくはず。となれば、ビジネス形態にもよりますが、徐々に社長というのは目立たない存在になっていくのではないでしょうか。

潰れない会社は、身分不相応の借金をしている？

第2章で赤字や黒字、借り入れなどについて解説しましたが、金融機関からの融資を基本とした借り入れの話をもう一度しておきます。

潰れない会社って、やっぱり現預金が多いんです。もちろん、自己資金だけではなく、借り入れも加えて。重複する部分もありますが、改めておさらいしておきます。この原理を知っている社長は強いです。

まず、現預金が豊富にある会社が強いのはいうまでもありません。それが自己資金であっても、借り入れであっても、現金があることは極めて強い。借り入れについて拒絶反応をする社長は、下記のことを知りません。

このことを踏まえつつ、潰れない会社にするための資金繰りについて、考えてみましょう。

- 金融機関から借りるお金は、金利も低いし返済期間も長い
- 月々に返済する金額は、そこまで負担にならない
- 借りたいときに、借りられるわけではない
- 金融機関と取り引きがなければ、借りることはできない

まずは、借り入れの拒絶反応をなくすことから。

金融機関からの借り入れの金利は、二％から三％前後と、暴利ではありません。そして、返済期間も五年から一〇年と、長期で返すため月々の返済額も決して大きいものではあり

ません。

もちろん、借りてすぐに使ってしまえば、返済できなくなってしまいますが、ポイントは「借りたお金は、プールしておく」ことにあります。

例えば、現預金が一〇〇万円しかなければ、何かアクシデントがあったときに資金がショートする可能性があります。これに融資で一〇〇〇万円追加があれば、現預金は一一〇〇万円。

業種にもよりますが、一〇〇万円の残高よりも安心できます。換言すれば、「会社の預金残高の推移をできるだけ高い残高水準で行う」ことが重要なのです。

言い方はよくないかもしれませんが、「自分のお金だろうと、他人から借りたお金だろうと、現金があれば会社は潰れない」のです。

次に、お金を借りたいときを考えてみましょう。

お金を借りたいと思うときは、普通に考えれば「お金がなくて、経営が苦しいとき」です。しかしながら、第2章の「お金編」で解説したとおり、基本的に赤字決算の会社には貸すのは難しいし、取り引きがそもそもなければ、いきなり貸すことも困難。

これを踏まえると、「できるだけ早い段階で金融機関と取り引きを始めておき、会社の業績が良いときに借りておく」が正解になります。つまり、会社が好調なときにこそ、借りるべきなのです。

まずは日本政策金融公庫から始めるのがいいでしょう。

日本政策金融公庫は政府系金融機関であるため、最も借りやすい。最初は公庫で借り入れの実績をつくる。そして、その次に信用金庫や信用組合、地方銀行などと取り引きを始めていきます。

金融機関との取り引きは、決して難しいものではありません。

まずは法人の口座をつくる。その口座を使う。そして、融資担当者を紹介してもらい、融資を希望している旨を伝える。

このとき、決算書や試算表を提出するのもいいでしょう。成績が良い会社は、当然返済も遅れない。そういう意味では、金融機関は「業績の良い会社にはどんどん貸したい」わけです。貸すのが仕事ですからね。

そして、日本政策金融公庫を含んで、できれば三つ以上の金融機関と取り引きをしたいところ。複数の金融機関から借りるのが正解です。

というと、「ひとつの金融機関から、多額の借り入れをするのではダメなのか？」のような意見があると思いますが、まずは最初から高額の融資は難しいということ。返済実績を積んでいかないと、優秀な業績を収めていても、そう簡単にいきません。

それに加えて、一度借りてしまえば、しばらくは同じ金融機関から借りることは原則として不可能です。一〇〇〇万円借りて、翌月また一〇〇〇万円借りて、なんていうのは現実的にはできないのです。

ですから、借り入れ額を増やそうと考えたら、別の金融機関から借りる必要があります。

日本政策金融公庫から一〇〇〇万円、信用金庫と地方銀行からそれぞれ一〇〇〇万円。合計三〇〇〇万円の資金調達に成功、という具合です。

借り入れ先が複数になり、また返済が滞ってなければ、その会社に対する評価は高まっていきます。もちろん、業績がそれなりに堅調でないといけませんが、「他社でもきちんと返済している」というのは、金融機関にとって安心材料なのです。

潰れない会社というのは、このように複数の金融機関から借り入れを行い、場合によっては必要以上に現預金を保有しています。

ある会社などは、黒字決算で借り入れも豊富で、現預金が常に高水準で維持できている。経営も盤石です。でも、最近は金融機関から借りられないんだとか。

なぜ、借りられないのかと聞いたら、「会社に十分過ぎる現預金があるので、貸す必要がない」って言われたそうです。ここまでくれば、安心だといえます。

潰れない会社は、借り入れを完済しない

借り入れをしたからには、返さなければならない。そりゃそうです。しかし、潰れない会社の社長は、完済を目指しません。「えっ?! 借金を踏み倒すの?」。いえいえ、そうではありません。完済を目指さず、「借り換え」を続けるのです。

借り換えとは何か。

金利とか考慮せず単純に説明しますが、例えば五〇〇〇万円の借り入れがあったとします。

毎月返済を続けて一〇〇万円返済をして、残りの返済額四〇〇万円。普通に考えれば、あと四〇〇万円を返済しなければなりません。

しかし、ここで借り換えを行うとどうなるか。

借り換えを行う場合、例えば追加で一〇〇〇万円の融資を受けます。このとき、残債の四〇〇万円を、新たに借りた一〇〇〇万円で一度返済します。そうすると、残りは六〇〇万円。この六〇〇万円が新たな融資額となります。

借り換えによって、四〇〇万円が六〇〇万円に増えたわけです。この一〇〇〇万円から四〇〇万円を返済し、新たに入ってきた六〇〇万円部分を業界では「真水《まみず》」と呼びます。その後は、この六〇〇万円の返済が始まるわけです。

これを繰り返していくとどうなるか。

返済実績が増していくので、借り入れできる金額も上がります。そして、複数の金融機関と取り引きがあれば、相乗効果的に借り入れ額が増えていくわけです。

こうやって借り換えを繰り返し、現預金を増やしていく。この理屈がわかっている社長は強い。いわば「借金バンザイ」なわけです。

斜陽産業、そして代理店、代行業の未来は厳しい

何度もお伝えしていますが、会社経営に絶対はありません。

以上のようなことが会社を潰さないための要素ですが、こういったルールを適用させて

いたとしても、苦しい業界や時代の移り変わりなどの要素もあります。例えば、コロナ禍による世の中の変化やロシアのウクライナ侵攻による物価高騰などは、誰もが予測できなかったことです。

様々な状況があるので具体的な言及は避けますが、いわゆる斜陽産業といわれる業界は、もしかしたらどのような努力をしても厳しいのかもしれません。

そして、ＩＴ化やＤＸ化が進めば、代行業や代理店などは、その意味をなさないのかもしれません。

前述した二〇二二年に公開されたＡＩチャットの「ChatGPT」などは象徴的でしょう。ChatGPTは、こちらが質問をテキストで記入すれば、インターネット上の情報から最適な回答を届けてくれます。

本書執筆時点の二〇二三年五月でもChatGPTは劇的な進化を信じられないほどのスピードで遂げており、こうしたテクノロジーの進歩はもう止められません。

そういう意味では、時代を読み、状況を見極めて判断できることが、会社を潰さない社長の条件ともいえます。まあ、こればかりは簡単じゃないですけど……。

これから求められる「積極的な現状維持」とは？

時代を読むという点では、これからの日本についても考える必要があります。

日本の企業の多くが内需ビジネスといわれ、日本人を相手に商売をしているからです。

もちろん、海外を相手に事業を行う会社もありますが、多くは日本人を相手にします。

ですから、日本に起きている少子高齢化や人口減少などを踏まえて、これからの事業を考えていかなければなりません。

私は、これからの日本はかなり深刻な状況に陥ると見ていますが（希望を捨てたわけではないですが）、これからはいたずらに拡大していく方針よりも、まずは堅守。つまり、会社の防御を万全にした上でチャレンジをする姿勢が重要だと私は考えています。

チャレンジを否定するわけではありません。

積極的に事業を展開していく意欲は重要。しかし、残念ながら日本という国のマーケットは間違いなく縮小していきます。

二〇二三年現在、物価高騰の止まる気配がありません。それでいて、賃上げの強い要請が存在する。加えて、日々報道される増税の検討。本当にこれほど先が読めない時代はなかったと思います。

ですから、まずは堅守。「現状維持は衰退の始まり」なんて言葉もありますが、現状維持すら難しくなるかもしれないこの時代。

経営で勝つというのは、ギャンブルで一発当てるようなものではありません。最後まで生き残った会社が勝者です。そういう意味では、いま一番堅実性が求められているのではないでしょうか。

第8章　倒産は、本当に〝悪〟なのか？

―正しい会社のたたみ方―

さあ、いよいよ最終章。

潰れそうな会社が発信するシグナルから、社長の性格。会社の有利な辞め方、そして潰れそうな会社に何ができるかと、それを行う社長の苦悩。

そして潰れにくい会社が何をやっているのかなど、あなたが社員の立場であれば、会社を選ぶひとつの指針になったと思いますし、あなたが経営者なら色々な意味で共感してもらえているはずです。

最終章である本章では、倒産の本質みたいなことを考えてみたいと思います。

自己破産や清算結了は、法律で認められた権利だが……

日本において、自己破産など倒産は残念ながら「敗北の象徴」です。

法律上認められた権利ではあるのですが、それでも「人様に迷惑をかけた」「人生の敗北者」などと揶揄され、破産手続き後に再起しようとしても、事情を知っている人からは「元破産者」のレッテルを貼られる。

特にいまやSNSなどによって、一億総情報発信者の時代。どこぞの会社が倒産したなどの話があれば、またたく間に拡散し、部外者からも誹謗中傷が集まってしまう。

もちろん、結果として誰かに迷惑はかかっています。破産すれば、取引先への代金を踏み倒すことになりますし、社員の給料だって未払いのまま終結してしまう。もちろん、社長自身もすべて失い、ある意味「罰」のようなものを受けています。

現在は中小企業の経営者保証に関する中小企業団体及び金融機関団体共通の自主的ルール「経営者保証に関するガイドライン」によって、かつてのように身ぐるみ剝がされるということはなくなりました。

それでも原則、個人資産はすべて売却となり、これまで蓄積してきたものは、取引先や社員、人脈などすべてを失ってしまう。でも、起こる批判は、必要以上のもののように感じます。まるで凋落する人を嘲笑って、自分の正当性を主張するかのように。

言うまでもなく、詐欺まがいの事業を通じて破産したのならば、自業自得です。破産手続きすら使わせるのもどうかと思うくらい。あるいは、計画倒産のようなものも同じ。それで多くの被害者が出るのであれば、責められても仕方のないことだと思います。

でも、多くの社長は会社を潰したくて潰したわけではないと思うんです。

最初は自分の夢を叶えるためや家族のため。徐々に社員のため、お客のため、取引先のために。そして、日本のため世界のため。中には本気で自分の理念の実現に取り組んだ社長もいると思います。

経営を維持するために、リスクも冒してきたはずです。

本書では借り入れをすべきという意見で、その借り入れが盤石な経営を実現するわけですが、ほとんどの場合に社長が連帯保証人になるわけで、状況によっては一発アウトのハイリスクを背負っていると見ることもできます。

そして、倒産という結果を望んでいた人は、ひとりもいないはず。なんとか倒産させないために奔走もしています。

倒産というのは、確かに残念な結果です。でも、過剰なまでに誹謗中傷されてしまうのは、最後の終わらせ方に再考の余地があったのかもしれません。

なお、借り入れに関して、本書ではこれまでの借り入れの背景を中心に解説してきましたが、今後は経営者保証はなくなっていく見通しです。二〇二二年、金融庁の発表により金融機関は経営者保証を外せない理由を明記しなければならなくなります。

基本的に決算書の粉飾等がなく、黒字決算であれば経営者保証は不要ということです。創業融資も今後は「スタートアップ融資」と呼ばれ原則は経営者保証は不要となり、今後の「倒産」も変わってくるかもしれません。

法人破産、会社破産の手続きを進めるには―弁護士の選び方―

手続きの種類や流れについては第4章で概要を解説したので、ここでは弁護士の選び方について解説します。

内整理など任意の清算でも、最後に問題なくランディングできるように、やはり弁護士には相談しておくべきだと私は考えます。

まずは民事再生や破産を専門分野としている弁護士を選ぶべきです。

専門でない弁護士に相談・依頼をすると、基本的には破産等の手続きを進める方向で話が進みます。

しかしながら、いわば倒産専門の弁護士であれば、破産や民事再生の経験はもとより、倒産を防いだ事例も多く持っています。そこは専門家ですから、頼るべきです。

社長が諦めてしまっていても、もしかしたら別の方法があるかもしれない。第４章で紹介した事業再生ＡＤＲや中小企業活性化協議会などを通じた、一般的にはあまり知られていない方法もあります。倒産間際まで来たら、最後まで足掻くのもひとつの選択です。

そして、破産するにも費用が必要です。

弁護士に自己破産手続きを依頼する場合の相場は二〇〇万円前後。倒産を覚悟したら、最後にこの金額だけは残しておくべきかもしれません。

法人の終活―手続きよりも、もっと重要なことがある―

「最後の終わらせ方」に再考の余地があったのかもしれない。そうお伝えしましたが、多くの社長は、倒産することを最後まで公開しません。

それは最後まで可能性を追っているのか、それとも会社が傾いたことを知らせたくないプライドなのか。

その立場に立ってみないとわかりませんが、多くの場合、倒産を知らされるのは直前、またはその事実が確定したときです。

社員の立場なら、会社に出社したら倒産を上司や社長から告げられたとか、会社のエントランスに「倒産」の張り紙が貼ってあったとか。

取引先や顧客なら、同様に突然のＦＡＸや郵送通知で知る。あるいはウェブサイトの「お知らせ」で知るということもあります。いずれにせよ、突然知らされるわけです。

社長が最後まで可能性に賭けたいのはわかります。しかし、倒産を決める前に関係者と誠実に協議するという選択肢もあります。

倒産後、逆上して誹謗中傷や暴言、中には暴力行為などまでに発展する場合もありますが、多くは「これまでよくしてやったのに、蚊帳の外で話が進んでいた」ことに腹を立てるわけです。

社長としては、苦渋の判断となりますが、事前に関係者や社員には筋を通しておいた方が最後はスムーズに進むのかもしれません。

例えば、突然「倒産しました」と言われても、もうできることはありません。

しかし、閉店セールのような気楽さは難しいとしても、○月○日に会社を閉めることにしましたと言えば、誰かが助け舟を出してくれる可能性だってあるし、これまでの取り引き実績を考え、最後の債務に関しても、何かしらの妥協点を探ってくれる可能性だってあります。

社長としては、これ以上苦しいことはないはずです。

でも、最後の最後をきちんと筋を通しておけば、再起のときにも支援者が出るかもしれない。あるいは、社長が望まないかもしれませんが、再就職口を世話してくれるかもしれないし、実力を買われて相談役みたいなポジションで呼んでもらえるかもしれない。

会社が倒産に近づくと、社長のよくわからない借金が増えます。キャッシングや消費者金融など、記録が残るものもあれば、友人から現金で借りたようなお金もあるでしょう。

自己破産手続きでは、こうした簿外債務に関しては取り扱うことができません。つまり、例えば自己破産で会社の借金や債務はなくなった。でも、友人に借りたお金は帳簿上に載っていなかったので、残っている。そして、破産後もその借金の督促を受けている、ということもあります。

そうなれば、破産をしても借金が残ることになってしまい、自己破産の効果が薄れてしまうわけです。こうした簿外債務に関しても、きちんと清算すべきです。

手続きそのものも重要ですが、最後に突然通告するのではなく、事前に会社の終活として、関係各位に筋を通しておくこと。こうしないと、その地域で生活することすら難しくなります。

自己破産手続きそのものは法律で認められた権利です。重要なのは、関係各位との人間関係。ここから逃げてしまうと、真の意味での破産、再生は難しいのではないかと思うのです。

コロナ禍で起きた、倒産以上の悲劇とは？

コロナ禍では、多数の企業が倒産をしました。

「濃厚接触」「三密」「ソーシャルディスタンス」など新しい概念が生まれ、特に飲食店や旅行関係の会社は大打撃を受けました。

廃業する会社もあれば、コロナ融資や補助金、助成金で生きながらえた会社もあります。いずれにせよ、どのような会社も苦しい時期があったはずです。

そんな中、倒産以上の悲劇を迎えてしまった社長もいます。

そう、言うまでもなく死を選んでしまった社長。

社員に迷惑をかけた。取引先に被害を出してしまった。自社の売上も急激に落ちている。精神的にも追い詰められて、心療内科にも通ったがよくならない。そして、最後はこれからの未来への悲観と、贖罪の意味で自ら……。

こうした結果は、本人が望んだ意思だったのかもしれません。

でも、自己破産や様々な救済手続きがある以上、死ぬことはないと私は思います。

実は、このコロナ禍で私の知り合いの社長もひとり、自らの手で亡くなっています。聡明でしたたかで、自殺をするような人には到底思えなかった。

でも、自死を選んでしまった。最後に守ったのはプライドだったのか。それとも、違うものだったのか。いまとなってはもうそれすらわかりません。

死にたくなる気持ちはわかります。でも、死ぬことはない。誹謗中傷なんて、蚊帳の外から生まれる外野の声。恥をかいても、プライドを失っても、死んでしまってはもう何もできません。

笑われながらだって、もう一度会社を興して、見返してやればいい。そうならないためにも、もしあなたが経営者であれば、誰かに早い段階で相談してほしいし、きっと最悪以外の結末があると思うのです。

人生は、何度でもやり直すことができる

最後にちょっと暗い話になってしまいましたが、社長にとって会社経営は正に人生そのもの。そして会社経営なので、常に順風満帆というわけにはいきません。

ときには倒産のシグナルを出してしまいながらも、何度も軌道修正して会社を維持し、社員に給料を支払い続ける。いまは笑顔の社長でも、涙を流したこともあるかもしれない。歯を食いしばって耐えたこともあったかもしれない。会社経営って、そういうものです。

だから、もしあなたが社長だったら倒産してもまた再起してほしい。いつか必ず笑い話になりますから。そして、もしあなたが社員の立場だったら、一所懸命頑張っている社長を応援してあげてほしい。

倒産くらいで人生投げちゃダメです。

何度だってやり直しができるんですから。

おわりに〜「働く」とはなんなのか?

日本が資本主義である以上、「お金」ってとっても大事です。

人の心がお金で買えるとは微塵も思いませんが、お金がなければ生きていけない。


社長は、自分の会社で事業を通じて稼ぐ。

社員はそんな社長のもとで会社に貢献して稼ぐ。


そして、どんな会社にも最初は夢があったはず。

どんなトリガーがあったのかはわかりませんが、どこかでその夢は破れ、そして潰《つい》えた。

それが、倒産。


社員も同じ。最初はこの会社で一所懸命貢献しようと思って入社する。

最初から会社に不満だらけの社員なんていない。

これもまた、どこかでトリガーが引かれる。

「こんな会社、辞めてやる」

そう考えるのは、簡単。でも、単純に会社の業績だけ、数字だけ見るのはやはりちょっと違うんじゃないかな、と思うのです。

「働く時間」というのは、多くの人の場合、人生においてとてもとても長い時間を占めます。社長に至っては、睡眠時間以外はほとんど仕事、なんて人もいるでしょう。

様々な倒産シグナルを解説してきました。

詰まるところ倒産の兆しとは、

「社長と社員、それぞれのベクトルが私利私欲に向いたとき」

に起こるのではないかと思うのです。

ですから、もし会社が本当の末期でなければ、もう少しだけ頑張ってほしいと私は思います。

あなたが社員の立場なら、会社に貢献できる最後の何かを。

あなたが社長なら、意地でも再建する。

働くって、数字だけの話じゃありません。

ある意味では、あなたの人生の「表現」や「意味」のひとつ。

あなたが社員の立場でも、社長の立場でも、結末がグッドエンディングになることを願っています。

追伸
もし、あなたが士業なら。
本書に出てくるようなシグナルを出す会社を助けるのは、あなたの役割です。
あなたの全力を尽くして、会社を救ってあげてください。

パワーコンテンツジャパン株式会社
代表取締役　横須賀輝尚

〈取材協力〉
小堺桂悦郎（資金繰りコンサルタント）、黒川明（税理士）、小澤亜季子（弁護士）、宮川壮輔（弁理士）、大杉宏美（社会保険労務士）、若林忠旨（社会保険労務士）、中上敏（行政書士）、清水ひろゆき（経営コンサルタント）、窪田司（中小企業診断士）、菰田泰隆（弁護士）、鈴木友也（資金繰りコンサルタント）

敬称略

〈参考文献〉

●『二代目が潰す会社、伸ばす会社』久保田章市著、日経ＢＰマーケティング（日本経済新聞出版）

●『退職のトリセツ～いちばん得する会社の辞め方～』中村敏夫著、晋遊舎

●『あの天才がなぜ転落 伝説の12人に学ぶ「失敗の本質」』玉手義朗著、日経ＢＰ

●『Ｑ＆Ａ 誰でもできるブラック企業対策』明石順平編著、小倉崇徳著、徳田隆裕著、鈴木悠太著、大久保陽加著、ブラック企業被害対策弁護団監修、集英社インターナショナル

●『倒産のリアル』山崎誠著、エイチエス

●『倒産寸前から25の修羅場を乗り切った社長の全ノウハウ』近藤宣之著、ダイヤモンド社

●『まんが図解 倒産のすべて』帝国データバンク著、宝島社

●『今日、会社が倒産した―16人の企業倒産ドキュメンタリー』増田明利著、彩図社

●『倒産の前兆 30社の悲劇に学ぶ失敗の法則』帝国データバンク情報部著、ＳＢクリエイティブ

●『倒産寸前だった鎌倉新書はなぜ東証一部上場できたのか』濱畠太著、方丈社

●『30歳で４００億円の負債を抱えた僕が、もう一度、起業を決意した理由』杉本宏之著、ダイヤモンド社

●『私、社長ではなくなりました。―ワイキューブとの７４３５日』安田佳生著、プレジデン

ト社

●『会社をたたむな！』森井将経著、明日香出版社

●『危ない会社を見分けるチェックポイント－ヒト・モノ・カネを診断する65の視点 あなたの会社、取引先は大丈夫？』帝国データバンク情報部編集、PHP研究所

●『倒産の9割は回避できる 非常識な経営の成功法則』伊藤隆宏著、日本之書房

●『倒産した時の話をしようか 8人の倒産社長に学ぶ「失敗」を「資産」に変える挑戦のヒント』関根諒介著、ｆｒｅｅ出版

●『5700人の社長と会ったカリスマファンドマネジャーが明かす儲かる会社、つぶれる会社の法則』藤野英人著、ダイヤモンド社

●『自己破産したMBAだけが知っているつぶれない会社の鉄則30』梶田研著、産学社

●『10年後躍進する会社 潰れる会社』鈴木貴博著、KADOKAWA

●『社長の失敗！私はここが甘かった〈その1〉挫折編』野口誠一編集、中経出版

●『なぜ倒産 23社の破綻に学ぶ失敗の法則』日経トップリーダー編集、日経BP

●『なぜ倒産 令和・粉飾編―破綻18社に学ぶ失敗の法則』日経トップリーダー編集、日経BP

●『世界「失敗」製品図鑑「攻めた失敗」20例でわかる成功への近道』荒木博行著、日経BP

●『世界「倒産」図鑑 波乱万丈25社でわかる失敗の理由』荒木博行著、日経BP

●『こうして店は潰れた：地域土着スーパー「やまと」の教訓』小林久著、商業界

●『続・こうして店は潰れた』小林久著、同文館出版

参考文献

●『だから、潰れた！—新人OLが見た倒産までの波瀾万丈』山本ちず、祥伝社
●『社長失格』板倉雄一郎著、日経BP
●『潰れた会社にいたから、潰れない会社をつくった』山下正夫著、カナリアコミュニケーションズ
●『同族経営はなぜ3代で潰れるのか？ファミリービジネス経営論』武井一喜著、クロスメディア・パブリッシング（インプレス）
●『しくじる会社の法則』高嶋健夫著、日本経済新聞出版社
●『あの会社はこうして潰れた』藤森徹著、日本経済新聞出版社
●『退職代行』小澤亜季子著、SBクリエイティブ
●『巨大倒産—「絶対潰れない会社」を潰した社長たち』有森隆著、さくら舎

著者プロフィール

1979年、埼玉県行田市生まれ。パワーコンテンツジャパン株式会社代表取締役。特定行政書士。専修大学法学部在学中に行政書士資格に合格。2003年、23歳で行政書士事務所を開設し、独立。2007年に士業向けの経営スクール『経営天才塾』（現：LEGAL BACKS）をスタートさせ、創設以来、全国のべ1,700人以上が参加。士業向けスクールとして事実上日本一の規模となる。

著書に『小さな会社の逆転戦略最強ブログ営業術』（技術評論社）、『資格起業家になる！ 成功する「超高収益ビジネスモデル」のつくり方』（日本実業出版社）、『お母さん、明日からぼくの会社はなくなります』（角川フォレスタ）、『士業を極める技術』（日本能率協会マネジメントセンター）、『会社を救うプロ士業　会社を潰すダメ士業』（さくら舎）、共著で『合同会社（LLC）設立＆運営 完全ガイド ―はじめてでも最短距離で登記・変更ができる！』（技術評論社）などがある。

プロが教《おし》える　潰《つぶ》れる会社《かいしゃ》のシグナル
——経営者《けいえいしゃ》・お金《かね》・組織《そしき》の危険度《きけんど》チェック法《ほう》

二〇二三年九月七日　第一刷発行

著者　横須《よこす》賀《か》輝尚《てるひさ》

発行者　古屋信吾
発行所　株式会社さくら舎　http://www.sakurasha.com
東京都千代田区富士見一-二-一一　〒一〇二-〇〇七一
電話　営業　〇三-五二一一-六五三三　ＦＡＸ　〇三-五二一一-六四八一
編集　〇三-五二一一-六四八〇　振替　〇〇一九〇-八-四〇二〇六〇

装丁　村橋雅之
カバーイラスト　Ｇｕｇｕ／ＰＩＸＴＡ
本文図版　森崎達也（株式会社ウエイド）
印刷・製本　中央精版印刷株式会社

ISBN978-4-86581-400-2

さくら舎の好評既刊

横須賀輝尚

会社を救うプロ士業　会社を潰すダメ士業

税理士・公認会計士・行政書士・
社労士・司法書士・弁護士の選び方、使い方

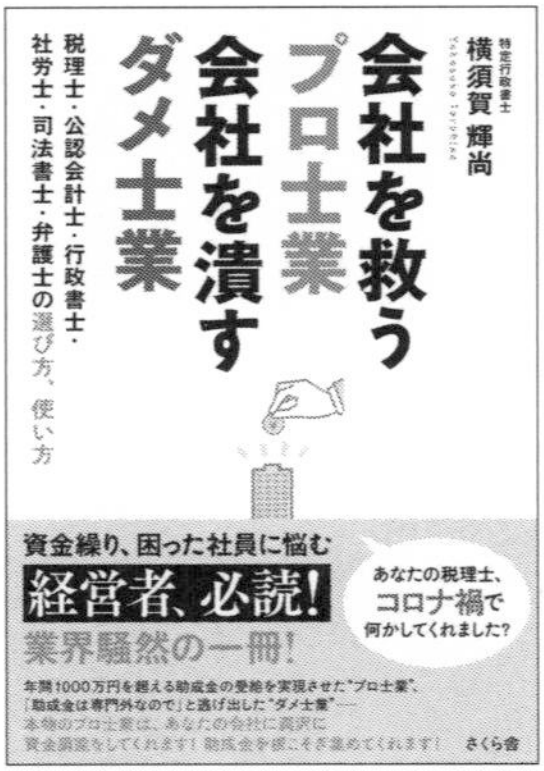

資金繰り、困った社員に悩む経営者必見！　経営を助ける“プロ士業”の実力と“ダメ士業”の実態！　本当すぎて業界騒然！

1500円（＋税）

定価は変更することがあります。